A Substância Divina e a Subjetividade em Descartes

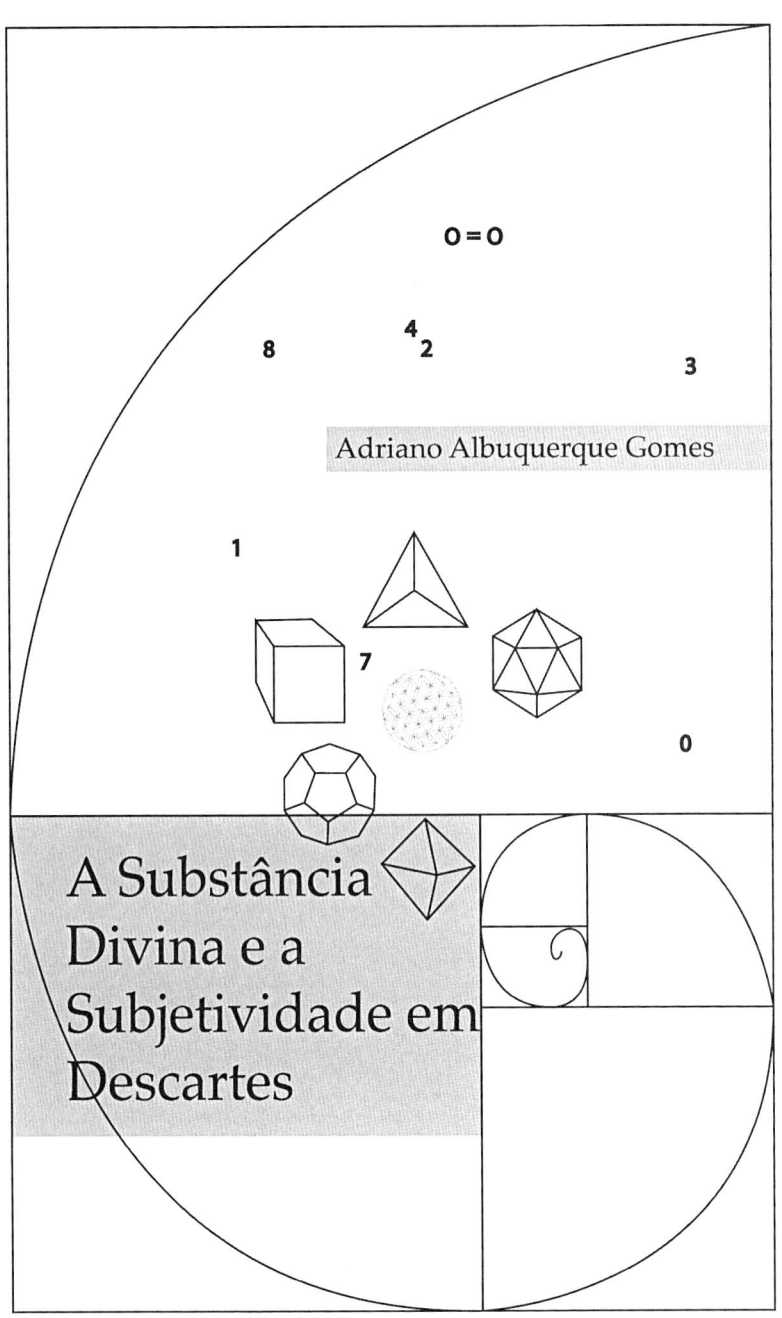

Adriano Albuquerque Gomes

A Substância Divina e a Subjetividade em Descartes

Conselho Editorial

Profa. Dra. Andrea Domingues
Prof. Dr. Antonio Cesar Galhardi
Profa. Dra. Benedita Cássia Sant'anna
Prof. Dr. Carlos Bauer
Profa. Dra. Cristianne Famer Rocha
Prof. Dr. Fábio Régio Bento
Prof. Dr. José Ricardo Caetano Costa
Prof. Dr. Luiz Fernando Gomes
Profa. Dra. Milena Fernandes Oliveira
Prof. Dr. Ricardo André Ferreira Martins
Prof. Dr. Romualdo Dias
Profa. Dra. Thelma Lessa
Prof. Dr. Victor Hugo Veppo Burgardt

Paco Editorial
Av. Carlos Salles Block, 658
Ed. Altos do Anhangabaú, 2º Andar, Sala 21
Anhangabaú - Jundiaí-SP - 13208-100
11 4521-6315 | 2449-0740
contato@editorialpaco.com.br

©2015 Adriano Albuquerque Gomes
Direitos desta edição adquiridos pela Paco Editorial. Nenhuma parte desta obra pode ser apropriada e estocada em sistema de banco de dados ou processo similar, em qualquer forma ou meio, seja eletrônico, de fotocópia, gravação, etc., sem a permissão da editora e/ou autor.

G6331 Gomes, Adriano Albuquerque
A Substância Divina e a Subjetividade em Descartes/Adriano Albuquerque Gomes. Jundiaí, Paco Editorial: 2015.

180 p. Inclui bibliografia.

ISBN: 978-85-462-0106-8

1. René Descartes 2. Filosofia 3. Meditação 4. Substância divina.
I. Gomes, Adriano Albuquerque.

CDD: 100

Índices para catálogo sistemático:

Filosofia	100
Metafísica	110

IMPRESSO NO BRASIL
PRINTED IN BRAZIL
Foi Feito Depósito Legal

Para Leda, Beatriz e Gabriel. Com muito amor, carinho e afeto

Agradecimentos

À FAPESP pela bolsa que financiou a dissertação, da qual se originou este livro.

Homenagens

Preciso homenagear algumas pessoas.

Rosenilda Farias de Souza. Por ter tido coragem de me alfabetizar aos 15 anos, em casa.

Doralice Macedo da Silva e Silva. Pelas primeiras lições formais, aos 16 anos (na antiga 3ª série primária).

Raimundo Torres de Albuquerque. Pela formação crítica e geral naquele fecundo ensino médio científico que, se pudesse, voltaria a fazê-lo.

Franklin Leopoldo e Silva. Pelo grande mestre e orientador. Além disso, suas atitudes como professor da USP inspiram minhas atitudes como professor da rede pública.

"... é inegável que para Descartes as regras do método supõem, exigem um esforço constante da vontade, sem a qual a inteligência não conseguiria vencer o mundo de imaginações, de preconceitos, de ideias confusas que constituem a atmosfera em que vive não só o homem inculto ou iletrado – e isso seria bem desculpável – mas também até os que, chamando-se filósofos, não conseguem sobrepor-se ao plano da erudição confusa, por não terem a força de caráter necessária para vencer os hábitos inveterados de pensar desordenada e dispersivamente, nem para vencer o respeito à tradição e à autoridade. Tanto ou mais que uma conquista da inteligência, a clareza das ideias é uma vitória da vontade".

Livio Teixeira. In: Ensaio sobre a Moral de Descartes. p. 31, Brasiliense, São Paulo, 1990.

"... em Deus, esta força, vim não é aptidão: ela é toda a sua potência, que o faz existir. O *per se* qualifica aqui diretamente a sua própria existência, ele é sinônimo do *a se*, do qual ele toma o lugar por um instante e como que por acaso. Ele designa o que, na causalidade formal, que une em Deus essência e existência, é análoga a uma causa eficiente. Ao contrário, no caso da substância finita, rem quae per se apta est existere, não se trata, de maneira nenhuma, de aseidade, nem de eficácia ou potência, em uma aptidão que é simples possibilidade. A pedra ou a alma, tomada sozinha e nela mesma, se deixa produzir e, se Deus a fizer existir, ela existirá ou repousará nela mesma, sem precisar de ou-

> tra coisa para lhe servir de sujeito imediato e de matéria metafísica ..."

Jean-Marie Beyssade. In: A teoria cartesiana da substância, Analytica, p. 35, Vol. 2.

> "... a verdadeira prova da existência de Deus é ao mesmo tempo a prova de que nossas ideias claras e distintas são verdadeiras ..."

Étienne Gilson. In: Études Sur le role de la pensée médiévale dans la formation Du système cartesien, p. 235, Pairs: 1930.

Sumário

Introdução..13

Capítulo 1 – A subjetividade no processo da dúvida..21

1. A conceituação da dúvida metódica pelo sujeito
da dúvida..21
2. Primeira dedução: a retroação da Meditação Segunda à
Meditação Primeira..39
3. Segunda dedução: a retroação da Meditação Terceira à
Meditação Primeira..49
4. Terceira dedução: a retroação da Meditação Quarta à
Meditação Primeira..57
5. Quarta dedução: a retroação da segunda parte do Discurso
do Método à Meditação Primeira..............................69
6. Quinta dedução: o sujeito da dúvida é partícipe da
Regra Geral..74
7. Sexta dedução: a inseparabilidade entre essência e
existência...76
8. Concluamos acerca dessa precedência divina............80

Capítulo 2 – Discurso do Método, Quarta Parte:
substância incriada e substâncias criadas — Deus,
cogito e extensão..87

1. Em relação ao Eu Pensante: a substância divina e o
processo constitutivo do Eu Pensante......................87
2. Em relação a Deus: a substância divina e processo de
criação do *cogito*..97
3. A substância divina e o processo no qual o Eu Pensante se
descobre – lógica ou necessidade dessa relação....................120

Capítulo 3 – A relação entre substância divina e o *cogito* na Meditação Terceira..135

1. Três grandes detalhes..135
2. A substância divina: garantia e validade do *cogito* e das outras verdades..146

Conclusão – A carta a Clerselier – dois sentidos de princípio ou a verdade e certeza como marca da precedência de Deus em todas as ordens?....................169

Bibliografia..175

Introdução

A instantaneidade do *Cogito, Ergo Sum*

Na Meditação Primeira reside toda a matéria de nossa obra, mas pelo fato de ela ter uma ampla comunicação com muitos textos de Descartes, temos que experimentar alguns desses textos. E por que dizemos que nesta Meditação está a matéria de nosso trabalho? Isto é verdade na medida em que nela reside o essencial para entendermos o sentido dos 2 pontos principais de nossa obra. Estamos falando do momento privilegiado do sujeito da dúvida, *Cogito, Ergo Sum*, no qual ele descobre todo o sentido do seu ato de duvidar. Esta descoberta se dá pelo pensamento, nas condições que passamos a explicar.

Se eu apenas duvidar, se eu apenas operar 2 + 2 = 4, se eu apenas pensar, enfim, em qualquer coisa, isso no contexto da Meditação Primeira não garante a existência, mesmo que uma prova da existência do sujeito da dúvida seja o ato de pensar: *Cogito, Ergo Sum*. Porque se eu penso, este ato pode ser obra do Gênio Maligno. Se eu duvido que existo, é porque eu não tenho certeza de minhas opiniões; se eu suspendo o meu juízo, é porque eu tenho medo do Gênio Maligno. No entanto, se eu pensar que duvidei de mim mesmo, se eu pensar que somei 2 + 2 = 4, se eu pensar que suspendi o meu juízo, se eu, enfim, pensar que pensei, neste caso teremos mais que um ato, teremos uma reflexão sobre o meu medo, sobre a minha dúvida. Terei refletido sobre o ato de refletir e, neste caso, pode até ser que o Gênio Maligno me tenha feito refletir sobre a reflexão, mas, sem dúvida, ele não poderá mais fazer com que eu suspenda o meu pensamento. Isto porque pensar que eu pensei é mais do que pensar, é pensar o pensamento do meu próprio pensamento, pensar que somei 2 + 2 = 4 é mais que praticar este ato intelectual. Isto é mais forte do que pensar, do que a prática do pensamento como um fluxo normal da vida prática ou intelectual. E daí se origina a minha segurança frente ao Gênio Maligno.

Isto é verdade, mas, ainda assim, no *Cogito, Ergo Sum* tem uma instantaneidade que, por sua vez, torna a *Res Cogitans*, como tentaremos mostrar mais adiante, infinitamente inferior à substância divina e, portanto, ela só pode mesmo ser um princípio de conhecimento sem, todavia, ser primeiro. Afinal, enquanto a *Res Cogitans* se valer apenas dessa instantaneidade, sua existência estará comprometida, se e somente se essa instantaneidade pede algo mais poderoso, capaz mesmo de garantir a sua existência, independentemente dessa instantaneidade. Dessa forma, será necessário substituir a instantaneidade pela objetividade garantida pela substância divina. É somente com a prova da existência de Deus que podemos, de uma vez por todas, garantir a existência da *Res Cogitans*, como assinala Étienne Gilson (1930, p. 235), já que a instantaneidade do *Cogito, Ergo Sum* só garante a existência se e quando eu penso, como mostra Franklin Leopoldo e Silva (1998).

Esta reflexão da reflexão, ou pensamento do pensamento, de fato susta o poder do Gênio Maligno, mas não erradica este poder. Esta mágica da reflexão da reflexão, ou pensamento do pensamento, é um dos conhecimentos mais importante que a humanidade já pode ganhar. Mas no contexto da Meditação Primeira, é apenas uma capa protetora que somente age momentaneamente, que faz com que o sujeito perca a imensa vulnerabilidade que o faz completamente refém do Gênio Maligno. Entretanto, não é capaz de destruir tal ser ardiloso — destruição que só acontecerá com a prova indubitável da existência de Deus. Logo, esta reflexão da reflexão, ou pensamento do pensamento só pode ter um poder instantâneo e, portanto, insuficiente para abalar completamente o Gênio

Maligno e dar à *Res Cogitans* a objetividade necessária de que ele precisa para existir, de fato e de direito.

A questão da precedência divina

Descartes é um filósofo enigmático, a pretexto da linguagem de alguns de seus textos e da rica tradição que lhe comenta durante quase 5 séculos. Porque, quando lemos os seus textos, percebemos que as questões levantadas por eles sobrepõem-se à linguagem e, em parte, aos comentários da tradição. Acreditamos que esta é uma impressão de muitos de seus leitores. Também é a nossa. À propósito, vamos esclarecer preliminarmente algumas questões que serão objetos de nossa investigação.

As substâncias: incriada e criada

Na segunda parte de nossa investigação, deveremos perguntar ao texto cartesiano o que é substância e como esse termo se aplica ao ser pensante e a Deus, enquanto ser perfeito. O texto que pode nos ajudar sem, aparentemente, muitas dificuldades é o artigo 51 dos *Princípios da filosofia*, primeira parte. O artigo diz:

> mas com respeito ao que consideramos como coisas ou modos das coisas, vale examiná-las aqui uma após outra. Por substância não podemos conceber senão uma coisa que existe de modo a não ter necessidade de nada além de si própria para existir. E, em verdade, pode-se conceber apenas uma substância absolutamente independente, que é Deus. Percebemos que todas as outras coisas só podem existir pela ajuda do concurso de Deus, e, por conseguinte, o termo substância não se aplica a Deus e às outras criaturas univocamente, para adotar um termo familiar nas escolas;

isto é, nenhuma significação dessa palavra comum a Deus e a elas pode ser distintamente compreendida[1].

Descartes não parece deixar dúvidas em relação ao que ele entende por substância, e já deixa neste artigo 2 sentidos.

O primeiro sentido é o absoluto, e este cabe a Deus, pois, de acordo com esse sentido de substância, algo só pode ser substância se não tem necessidade de nada para existir, a não ser de si próprio, o que já indica fortemente que essa substância deve necessariamente dar a si própria o seu ser — o que indica a *causa sui*. Mas além disso, nesta definição, inclui-se o poder de fazer com que as outras substâncias, no sentido fraco, possam existir, pois a substância que tem poder de existir por si própria também é a que fará com que as outras substâncias existam. Então, é preciso entender a substância divina a partir de duas necessidades: para ser divina ela precisa a) existir por si própria; e b) fazer com que as outras substâncias existam a partir de seu concurso. Não se segue daí, todavia, que a substância divina, em sentido próprio, tenha a necessidade de produzir as outras substâncias para que ela exista, mas as outras substâncias precisarão do seu concurso para existir e, depois veremos, também para subsistir. É nestas condições que temos o sentido de substância: não apenas independência, mas também poder de criação de outras coisas que, só por doação, serão substâncias inferiores.

E em relação às outras coisas, como fica a definição de substância? Ora, na própria definição da substância absoluta as coisas passam a ser substâncias nos seguintes termos: as coisas são, por definição, criadas, na medida em que existem pelo concurso da substância divina. Pois elas não possuem pré-requisitos para que sejam substâncias, como convém ao termo substância. Então, mesmo ainda no plano conceitual, já podemos dizer que elas recebem da substân-

---

1. Descartes, op. cit., Tome III, I, 51, p. 121-122.

cia divina as suas substancialidades. Esta é a maneira pela qual elas são substâncias. Por conseguinte, o ser substância das coisas, o meu ser substância, enquanto coisa que pensa, só pode acontecer por uma única via, que é por meio do ser da substância divina.

É com base nesta informação do artigo 51 que faremos nossa investigação do sentido de substância em diversos textos cartesianos. Além, é claro, de dialogarmos com alguns comentadores dos textos cartesianos e, dentre eles, 2 são nossos principais interlocutores, a saber, Enéias Forlin e Guéroult. Portanto, os segundo e terceiro capítulos da segunda parte de nossa obra têm como parâmetro conceitual de substância cartesiana o artigo 51 dos Princípios.

Algumas palavras de método

Agora, cabe ressaltar alguns procedimentos metódicos. Os principais textos que trabalhamos de Descartes são as Meditações Primeira, Segunda e Terceira. A Primeira Meditação serviu para que retirássemos dela apenas um trecho e, a partir do qual, examinamos a questão da precedência divina exatamente no momento mais tenso do processo da dúvida. O trecho é o primeiro parágrafo da Meditação em questão, mas mesmo assim não foi possível explorarmos todo o parágrafo, dada a sua rica comunicação com vários textos cartesianos. Aliás, uma estratégia nossa, para mostrar a precedência divina no processo da dúvida, foi justamente esclarecer essa intensa comunicação de um pequeno trecho que retiramos do primeiro parágrafo. Esta comunicação se revelou de tal modo fecunda, que nos sentimos constrangidos a concluirmos pela precedência ou anterioridade da substância divina. Para sermos mais exatos, o trecho analisado nos obrigou a concluirmos pela precedência divina. Já as Meditações Segunda e Terceira foram objetos da segunda parte de nossa investigação.

Na Segunda, investigamos o projeto cartesiano, por assim dizer, de substância criada. Na Terceira, analisamos a substância incriada. Mas fomos obrigados, pela força da comunicação entre essas 2 Meditações, a estabelecer, quase que ininterruptamente, uma estreita relação entre elas.

Para além desses 3 textos, foi inevitável o recurso a outros textos. Vale dizer ainda que, para efeito de debate, utilizamos como principais interlocutores os autores Enéias Forlin e Martial Guéroult. Mãos à obra.

Primeira Parte: A Subjetividade

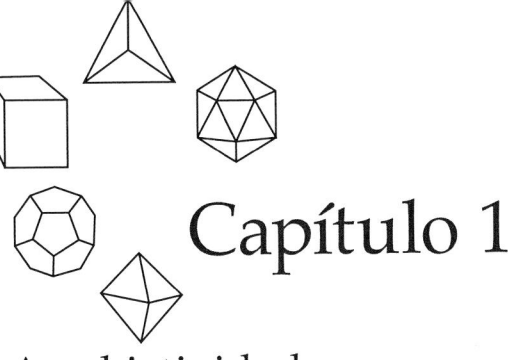

Capítulo 1

A subjetividade no processo da dúvida

1. A conceituação da dúvida metódica pelo sujeito da dúvida

Veremos, inicialmente, como o sujeito da dúvida enuncia a dúvida metódica e se, ao fazê-lo, conceitua-a, pois é o estabelecimento desse conceito que devemos observar, preliminarmente, a partir da performance intelectual desse sujeito. Descartes se expressa da seguinte maneira no parágrafo 1 da Meditação Primeira:

> há já algum tempo eu me apercebi de que, desde meus primeiros anos, recebera muitas falsas opiniões como verdadeiras, e de que aquilo que depois eu fundei em princípios tão mal assegurados não podia ser senão mui duvidoso e incerto; de modo que me era necessário tentar seriamente, uma vez em minha vida, desfazer-me de todas as opiniões a que até então dera crédito, e começar tudo novamente desde os fundamentos, se quisesse estabelecer algo de firme e de constante nas ciências. Mas, parecendo-me ser muito grande essa empresa, aguardei atingir uma idade que fosse tão madura que não pudesse esperar outra após ela, na qual eu estivesse mais apto para executá-la; o que me fez diferi-la por tão longo tempo que doravante acreditaria cometer uma falta se em-

pregasse ainda em deliberar o tempo que me resta para agir.²

Uma questão inicial é inevitável: o que está envolvido nesse parágrafo 1, além, é claro, da conceituação da dúvida, isto é, existe algum mecanismo do sistema cartesiano envolvido, tais como a regra geral, os preceitos do método, as demais Meditações, etc., ou ao estudarmos o processo da dúvida apenas nos deparamos com a conceituação dessa dúvida? É o que pretendemos examinar neste primeiro capítulo. E dada a riqueza de informações desse parágrafo em questão, talvez ele seja a nossa única base em todo esse capítulo. Nesta enunciação presente no parágrafo acima, o sujeito da dúvida manifesta uma crítica em relação ao saber vigente, na medida em que ele parece se reportar à sua vida intelectual: ele afirma que há um problema e que este consiste em receber falsas opiniões como verdadeiras³. Eis a questão iluminadora deste fecundo parágrafo que nos envolve.

---

2. Ibidem.
3. O princípio da dúvida hiperbólica, como veremos mais adiante, consiste inicialmente, em nosso entender, em dizer que as opiniões serão rejeitadas como duvidosas e, para isso, bastará apresentar o menor motivo de dúvida, mas ao final desta Meditação este mesmo princípio terá outra formulação, na medida em que todo o percurso da dúvida constrange o sujeito da dúvida a reformular o mesmo princípio. Acontece que estamos percebendo que tal reformulação já é antecipada aqui no início do parágrafo que estamos lendo, na medida em que as opiniões já se apresentam como falsas, e é justamente essa falsidade das opiniões que se configura como o estímulo maior para que o sujeito da dúvida comece a duvidar. Portanto, as opiniões são recebidas como falsas verdades, mas são submetidas a um processo de dúvidas, cujo princípio inicial é o de tomá-las como duvidosas apenas e, no fim das contas, este mesmo princípio se refaz, tomando-as agora como falsas, de sorte que a falsidade é antes e depois do processo de dúvidas. Isto é, o sujeito já as encontra em estado de falsidade, e durante o processo da dúvida elas permanecem em tal estado. Daí porque dizemos que a falsidade das opiniões é já algo dado antes mesmo do processo de dúvida e isso significa que esse caráter de falsidade é algo que acompanha o princípio da

Ora, dizer que recebera algo falso como se fosse verdadeiro é, pelo próprio fato de dizer isso, expressar um descontentamento com a questão. Mas esse descontentamento só pode ser traduzido por questionamento, isto é, o descontentamento implica pôr em questão as opiniões. Portanto, o sujeito da dúvida questiona alguma coisa. Questiona exatamente isso: "... e de que aquilo que depois eu fundei em princípios tão mal assegurados não podia ser senão mui duvidoso e incerto ..."[4]. Ou seja, questiona as opiniões, como já dissemos, mas dando um rumo muito bem definido para elas, a saber, elas vieram a mim, diria o sujeito da dúvida, mas se sedimentaram enquanto estrutura, pois não apenas são opiniões, mas são opiniões que possuem princípios que as fundamentam, garante ele. E ele deixa bem salientado: esses princípios nos quais elas estão apoiadas são considerados falsos[5] e, por isso, as questionarei, mas, mais exatamente, questionarei estes princípios. Estes são, portanto, os objetos da procura do sujeito da dúvida.

Então, se é assim, o sujeito da dúvida já deixa claro como é o seu questionamento: ele questiona as opiniões, mas exatamente em seus princípios, isto é, aquilo em que elas se fundamentam[6]. E a força desse questionamento é tal que o sujeito da dúvida é levado a tomar uma decisão:

---

dúvida metódica do início ao fim. Por esse motivo, não poderemos seguir as interpretações de alguns comentadores sobre essa questão, como, por exemplo, a de Enéias Forlin, que diz que se trata de dois princípios totalmente diferentes um do outro. Ora, vimos que eles não podem ser distintos, na medida em que a falsidade das opiniões é que governa este princípio, e governa a tal ponto que a segunda formulação terá como essência a própria falsidade das opiniões. Mas tudo isso veremos mais adiante e, inclusive, a posição de Enéias Forlin sobre isso.
4. Ibidem.
5. Falsos, pois é o que diz Descartes: "em princípios tão mal assegurados".
6. Ou ainda: ele faz distinções bem precisas, operando o problema que se lhe apresenta, de maneira a situá-lo em seu devido lugar e esse lugar, onde as opiniões se formam, nos parece, são os princípios dessas opiniões, são os nossos juízos sobre as opiniões, e acreditamos que isso já está dado anteci-

padamente no trecho que estamos lendo, embora seja desenvolvido apenas com as etapas da dúvida metódica. Enéias Forlin nos fornece uma interpretação acerca disso, ao explicar as etapas da dúvida metódica. A primeira etapa ele explica dessa forma: "assim, a primeira etapa da dúvida deverá atacar o conjunto de minhas opiniões sobre as coisas sensíveis, isto é, os objetos dos sentidos. Eu acredito que conheço estes objetos tais como eles são porque eu os vejo, os toco etc., ou seja, eles se manifestam à minha percepção sensível, eu posso intuí-los sensivelmente. Uma tal crença pressupõe, no entanto, que os sentidos não me enganam; ora, para desestabilizá-la basta mostrar que os sentidos me enganam algumas vezes e que, portanto, podem estar me enganando sempre (...)" (Forlin, 2004, p. 44-45). De acordo com este fragmento do livro de Enéias, a primeira etapa da dúvida ataca as opiniões sobre as coisas sensíveis, isto é, eu conheço o objeto por meio do filtro dos sentidos, para usar a sua própria expressão, na medida em que os sentidos podem me enganar. Então, aqui eu ataco a percepção que os meus sentidos têm das coisas sensíveis. Sobre a segunda etapa ele diz o seguinte: "(...) não se trata mais de suspeitar que a percepção sensível possa estar me enganando, mas de suspeitar mesmo que eu possa ter uma percepção sensível. Quando vejo ou toco, eu posso apenas estar pensando que vejo ou que toco (...)" (Ibidem, p. 46). Aqui, segundo ele, a dúvida ataca a existência das coisas sensíveis, isto é, a minha percepção sensível, pois talvez eu não tenha essa percepção, ou seja, talvez não seja verdade que eu toco ou vejo. E em relação à terceira etapa, Enéias Forlin diz o seguinte: "(...) não há, por assim dizer, uma razão natural de duvidar de nossa intuição intelectual. Pode-se, porém, estabelecer uma razão de direito: se, a exemplo do que veio sendo feito até aqui, não podemos desestabilizar o juízo recusando-lhe a necessidade, podemos, no entanto, desestabilizar a própria necessidade que lhe é inerente, mostrando que aquilo que é uma necessidade do pensamento pode não ser uma necessidade da realidade mesma. Com esta operação, então, que cinde a necessidade em subjetiva e objetiva, o juízo aparece novamente transcendendo o objeto, o qual é reduzido agora, de objeto em si mesmo, a mero objeto de minha intuição intelectual, ou seja, de essências matemáticas a meras ideias (...)" (Ibidem, p. 48). Se estamos entendendo bem o pensamento de Enéias Forlin, aqui eu ataco o meu juízo sobre as operações matemáticas, mostrando que talvez eu apenas intuo a ideia matemática, 2+3=5, mas que essa ideia pode não ser uma ideia matemática mesma ou, se for o caso, pode ser que o resultado de 2 + 3 não seja igual a 5. Então para mim é uma ideia matemática, mas nada garante que isso seja assim mesmo. Assim, eu ataco a minha intuição intelectual, mostrando que

> ...de modo que me era necessário tentar seriamente, uma vez em minha vida, desfazer-me de todas as opiniões a que até então dera crédito, e começar tudo novamente desde os fundamentos, se quisesse estabelecer algo de firme e de constante nas ciências...[7].

ela pode realmente não intuir a verdade matemática, isto é, eu continuo com a subjetividade, mas perco a objetividade, garante Enéias Forlin, o que significa dizer que o que eu intuo intelectualmente pode não corresponder à ideia mesma da matemática, ainda que eu realmente intua alguma ideia do tipo matemático. O que é realmente atacado em todas estas operações, segundo o que lemos de Enéias Forlin, senão os juízos que fazemos dos objetos do conhecimento, quer seja objeto sensível, quer seja intelectual? Assim, o fundamento das minhas opiniões reside no juízo que eu faço do objeto, o que significa dizer que não são as ideias mesmas das coisas e nem as próprias coisas, mas somente tudo isso enquanto representação que eu faço a partir de um juízo é que é atacado pela dúvida metódica. É exatamente desse princípio que estamos falando quando dizemos que o sujeito da dúvida questiona os princípios nos quais as opiniões estão apoiadas. E acreditamos que o sujeito da dúvida enuncia estes princípios ao dizer que "há já algum tempo eu me apercebi de que, desde meus primeiros anos, *recebera* [GN] muitas falsas opiniões como verdadeiras, e de que aquilo que depois eu fundei em princípios tão mal assegurados não podia ser senão muito duvidoso e incerto" (Descartes, op. cit., Tome II, p. 404). Nesta frase, estão contemplados as opiniões e os princípios que a fundamentam, isto é, os nossos juízos sobre as coisas, e essa frase será desenvolvida no decorrer das etapas da dúvida metódica. Mas, não estamos dizendo que Enéias Forlin concorde que nesta frase estejam condensadas as etapas da dúvida, mas apenas que nós pensamos que seja assim. E esperamos esclarecer o motivo de dizer que nela estão já esboçados os princípios nos quais as opiniões estão apoiadas, mas, de qualquer forma, já podemos adiantar que o verbo *receber* (e fizemos questão de *grifar* este verbo) está tornando explícita, e não implícita, a presença desses princípios, na medida em que ao dizer que "*recebera* [GN] muitas falsas opiniões" ele só pode mesmo referir-se nesta frase aos nossos sentidos, mas, como mostra a análise de Enéias, são mais especificamente os nossos juízos. Pois, de fato, o verbo *receber* indica a ação dos nossos sentidos, mas quando eu tomo as opiniões como verdadeiras, então é porque eu já operei um juízo sobre as mesmas, e essa operação fica explícita nos argumentos seguintes da dúvida. É por isso que dizemos que nesta frase já estão dados os princípios nos quais as opiniões estão apoiadas.

7. Descartes, op. cit. Tome II, p. 404.

É possível perceber a força do questionamento: "... era necessário tentar seriamente ... desfazer-me de todas as opiniões ..."[8]. Isto é, ao questionar as opiniões, mas, sobretudo, os seus princípios, ele se vê constrangido pela situação a se desfazer de todas as opiniões. E esse constrangimento, que na verdade é uma virtude da análise do sujeito da dúvida[9], é tal que a decisão de desfazer-se das opiniões assume a característica de necessidade, deixando de ser uma simples decisão[10]. Então, igual ao concurso da sua vontade, existe também o concurso do seu poder de conceber, pois é só por causa desse poder que ele sente a necessidade, na medida em que essa necessidade marca bem o seu grau de entendimento acerca das opiniões. Isto é, de fato ele as vê como duvidosas, e são duvidosas, sobretudo por conta dos princípios sobre os quais elas estão fundadas. Dessa forma, só existe a necessidade porque o seu poder de conceber assim o fez necessário. O que é mesmo necessário? A saber, rejeitar as opiniões como falsas[11],

---

8. Ibidem.
9. Acontece que o constrangimento também é obra sua, na medida em que ele só existe por força de sua análise que o leva a pensar nos princípios em que as opiniões estão apoiadas. Portanto, o constrangimento é justamente uma marca de sua análise. Na verdade, tal constrangimento é, antes de qualquer coisa, uma virtude da análise que o sujeito faz nesse momento. Assim, se o sujeito é constrangido, ele só o é por conta de suas próprias operações intelectuais que desenvolve nesse primeiro parágrafo em análise.
10. É como se os fatos oriundos das descobertas do sujeito da dúvida o obrigassem a tomar as decisões que observamos no parágrafo em análise. Cada conclusão que ele toma sobre o processo da dúvida é de tal modo evidente que ele é levado, pela lógica de sua descoberta, a tomar as decisões das quais estamos falando.
11. Rejeitar as opiniões como falsas ou rejeitar as opiniões porque são duvidosas? Parece-nos que não se trata de dois princípios, mas apenas um que sofre duas formulações por força das diferentes etapas da dúvida metódica. Sobre isso Enéias Forlin pensa diferente: "e daqui decorre o caráter hiperbólico da dúvida cartesiana: "rejeitar tudo aquilo em que se encontrar o menor motivo de dúvida". É apenas nisso, acreditamos, que se resume o princípio da dúvida hiperbólica. Um outro, bem diferente, "rejeitar como falso o que

é apenas duvidoso" diz respeito a uma segunda operação que aparecerá somente no final da Primeira Meditação e, portanto, somente ali, como mostraremos mais adiante, esse princípio será formulado" (Forlin, 2004, p. 19). Diferentemente de das interpretações de Enéias Forlin e a de Guéroult, não acreditamos que haja nem dois princípios e nem um duplo princípio, como pensa um e outro, respectivamente. Pelo contrário, como já dissemos em uma nota acima, a leitura da Meditação Primeira nos faz ver que há mesmo apenas um princípio, que é formulado em dois momentos diferentes e, justamente pela força das diferenças de momentos, um único princípio se faz formular de maneiras diferentes pelo sujeito da dúvida. Expliquemos o motivo que nos leva a isso. No trecho em que ele formula pela primeira vez o princípio da dúvida hiperbólica, o sujeito se reporta a todo o projeto da dúvida, porquanto ele não restringe aí esta ou aquela dúvida (natural ou metafísica). Antes dessa formulação, o sujeito já sabe de antemão que ele se remete às opiniões cujo *status* é o de falsidade, na medida em que as suas palavras iniciais da Meditação Primeira servem justamente para manifestar que ele constatou a falsidade de tais opiniões. Ora, esse princípio, tal como está formulado no início da Meditação Primeira, é produzido sob a força dessa constatação prévia, anterior à formulação de tal princípio. Diz o sujeito da dúvida antes que ele formule o princípio que estamos discutindo "há já algum tempo eu me apercebi de que recebera muitas falsas opiniões como verdadeiras, e de que aquilo que depois eu fundei em princípios tão mal assegurados não podia ser senão mui[to] duvidoso e incerto (...)". Portanto, antes de ele formular o princípio, a falsidade das opiniões já é decretada (Descartes, op. cit., Tome II, p. 404), constatação que dá como falsa todas as opiniões. Trata-se de dizer que todo o estímulo para que este princípio seja formulado nasce justamente dessa constatação prévia de que as opiniões são falsas. O que isso significa? Significa que o sujeito da dúvida não está dizendo que rejeitará como falso, mas que rejeitará porque isso que se lhe apresenta como duvidoso, já se lhe apresentou como falso. Isto é, as opiniões já se apresentaram antes de qualquer coisa como falsas. Então, que as opiniões sejam falsas, o sujeito da dúvida já sabe desde o primeiro instante em que começou a duvidar, antes, aliás, de ele estabelecer o princípio da dúvida hiperbólica, mas ainda lhe falta razão suficiente para tomá-las como efetivamente falsas. Esta razão só virá com o estado de dúvidas instaurado, o que significa que não é o fato de o sujeito da dúvida as rejeitar como falsas que ele cria um "estado de dúvidas", mas, pelo contrário, é justamente o "estado de dúvidas" que força o sujeito da dúvida a tomar como falsas as opiniões e, assim, rejeitá-las. Pois, o que é a dúvida? É a aplicação de várias razões porque os seus princípios nos constrangem a isso. Ora, esta é uma operação do espírito, como acabamos de constatar. Aliás, é preciso dizê-lo, trata-se de um espírito bem resoluto. Neste caso, o sujeito da dúvida se revela um ser que possui todas as capacidades intelectuais de trilhar um caminho de questionamento, como o que ele acaba de propor a si próprio[12]. Por-

---

de duvidar, cada uma mais exagerada que a outra, como mostra muito bem Enéias Forlin (e nisso o seguimos), cujo objetivo comum a todas essas razões não é outro senão o de mostrar que em todas as opiniões existe pelo menos o menor motivo de dúvida. Como as hipóteses do sujeito da dúvida levaram-no a pensar que realmente as opiniões são duvidosas e, quanto mais ele apresenta hipóteses, mais constata que elas de fato são duvidosas, ao ponto de, com a hipótese metafísica, duvidar até mesmo de duas opiniões sobre alguma operação matemática, então ele é levado a reconhecer que a situação das opiniões é insustentável e, como ele não pode mais nem recuar e nem avançar, obriga-se a reformular o princípio inicial, que orientava apenas a dúvida metódica: agora não se trata mais de mostrar que as opiniões são duvidosas, pois isso ele acabou de fazer, e fez tanto que se encontrou num estado geral de dúvidas e que por isso só vê uma saída, a saber, tomar as opiniões como falsas. Assim, aquilo que no início exigia que o sujeito da dúvida tomasse as opiniões como duvidosas, agora se vê na obrigação de exigir que ele as tome como falsas, mas justamente por força das novas razões que se apresentaram ao seu espírito. Isto é, por força do estado de dúvidas. Se é assim, então nos parece que se há alguma distinção entre essas duas formulações ela só consiste na exposição, na medida em que essa última exposição é a reformulação do mesmo princípio, mas agora com base em outra situação que, por sua vez, obriga a reformulação. Esses são os motivos que nos levam a não seguirmos a interpretação de Enéias Forlin.
12. Há uma coerência em dizer que o sujeito da dúvida tem todas as capacidades de trilhar o caminho da dúvida, pelas seguintes razões. Primeiro porque ele se mostra um ser que possui o poder de conceber. Segundo, porque, além desse poder, ele lança mão da vontade, o que indica que ele também é dono dessa vontade. Então, trata-se de um sujeito que possui todas as capacidades intelectuais, visto que essa capacidade requer tanto o concurso da vontade, quanto o do poder de conceber, como podemos perceber quando lemos a Meditação Quarta, em seu parágrafo 9. Ora, qual é a importância desses poderes para um ser que pretende trilhar o caminho da dúvida? É que ele não poderia trilhá-lo se não possuísse tais poderes,

tanto, ele próprio prepara a sua trajetória, que é justamente o percurso da dúvida.

É certo, além disso, que o sujeito da dúvida ainda apresenta uma característica dessa dúvida, ao dizer que é necessário desfazer-se das opiniões com a condição de que isso sirva para que ele possa estabelecer algo de firme e de constante nas ciências. Se ele exige como resultado desse desfazer-se das opiniões o estabelecimento de algo firme e constante, que sirva para restabelecer as ciências, então, a dúvida a que ele se propõe a fazer, ou melhor, a vivenciar, não tem senão o caráter metodológico, pois aí ela aparece como meio, uma maneira para que esse sujeito possa estabelecer algo de firme e de constante nas ciências. A dúvida é metódica em função dessa condição imposta pelo sujeito da dúvida. Uma dúvida que existe para cumprir um objetivo bem definido, a saber, servir para estabelecer algo de firme e de constante nas ciências, pois, se a dúvida não for concebida sob essa condição, ela corre o risco de não servir para nada. Então, não se trata de um sujeito que está, a rigor, questionando se é possível o saber, mas, pelo contrário, está questionando o saber vigente e justamente para ver se isso lhe traz como resultado um outro saber, uma verdadeira ciência, justamente a ciência que resultará de seu questionamento, da sua dúvida. A dúvida é, neste caso, um método, um mecanismo que o sujeito da dúvida concebe[13], com seus poderes de concepção e decisão. Porque,

---

na medida em que eles são requeridos para que o sujeito possa cumprir a tarefa de duvidar. Pois, o que significa duvidar das opiniões, senão for duvidar do saber vigente, que é justamente o saber escolástico? Ora, mas como duvidar de um saber, sem possuir as capacidades elementares requeridas para tal tarefa, que são exatamente a vontade e o entendimento? É por isso que o sujeito da dúvida exerce com todas as suas forças a sua tarefa de duvidar, tarefa que estamos tentando acompanhar de maneira bem lenta, bem de perto, quase que auscultando cada fragmento, mesmo que ele contenha a menor de todas as significações.

13. Mas, parece-nos que conceber não é a mesma coisa que criar, como se a dúvida fosse inventada do nada, apenas por meio dos poderes de concepção

afinal, já neste momento em que o sujeito da dúvida toma a sua primeira decisão, é possível percebermos, pelo que vimos e lemos, justamente estes 2 poderes presentes. Sim, na medida em que a decisão que ele toma não é outra coisa, senão resultado de 2 atos: um é o ato de conceber e o outro é o ato de escolher[14]. Logo, a sua primeira decisão é produto do entendimento e da vontade. Com esse ato, o sujeito da dúvida nos constrange a dizer que as Meditações Segunda, Terceira e Quarta retroagem até este momento primeiro, inicial, da Meditação Primeira.

---

e de decisão. Conceber deve ser explicado no sentido em que está expresso na Meditação Segunda, quando da descoberta do *cogito*: o sujeito descobre que já existia sem dúvida, se é que ele duvidou ou pensou alguma coisa. Ora, isso é uma concepção clara e distinta, mas não podemos dizer que neste momento temos uma criação do sujeito, mas somente que ele pode ter a concepção (e também a constatação) de que ele existia sem dúvida. Então, isso que ele descobre era alguma coisa, mas se isso era alguma coisa, então esta não podia ser obra de uma enganação, mas necessariamente devia ser obra de algo perfeito. Portanto, se houve uma descoberta, houve a descoberta de uma obra de algo perfeito, algo que, sem o qual, essa descoberta não seria possível. Ora, mas se isso é verdade, então é impossível não ser verdade que essa descoberta não contenha ao mesmo tempo a existência e a sua própria essência, na medida em que a perfeição não poderia criar algo sem a essência, porque se isso ocorre, esta criação é o não ser, mas já é certo que a perfeição não pode criar nada que não seja, pela própria definição da perfeição criadora (*vide* Descartes, op. cit., Tome II, p. 445-6). Pois toda a criação da perfeição criadora deve ser alguma coisa, mas para que seja, ela deve conter a essência, pois a essência é o único meio pelo qual podemos dizer que algo é ou que existe. Dessa forma, como podemos negar que quando o *cogito* é descoberto ele o é já com a sua própria essência, se ele é descoberto justamente porque ele era ou existia? Não temos como negar essa inseparabilidade, pois ela é uma exigência expressa de uma maneira muito clara por Descartes. Todavia, mais adiante discutiremos mais essa questão da inseparabilidade entre essência e existência.

14. Mas, nunca o ato de escolher antecede o ato de conceber, pois a escolha é sempre a escolha de algo que foi concebido, ainda que depois a escolha, que é resultado da vontade, possa ser maior, por um erro qualquer, que a própria coisa concebida.

Ora, um sujeito assim não pode ser simplesmente um sujeito, mas ele é, sobretudo, um sujeito que já poderia ter precipitado o *cogito*, por força das outras Meditações sim, mas, sobretudo, por sua própria performance intelectual, à qual acabamos de aludir. Além disso, o que devemos dizer mais acerca desse sujeito? Se essas Meditações estão presentes nesse momento inicial da Meditação Primeira, então, o sujeito da dúvida já conta com o apoio de um Deus não Enganador, e do método que, por conseguinte, é um reforço divino para que o sujeito da dúvida seja tal como é, pois, para nós, só é possível concebermos um sujeito da dúvida na condição de precipitar o *cogito* (já na Meditação Primeira) se para isso se concebe Deus como princípio de toda essa performance do sujeito da dúvida. E esse Deus aqui presente não é um ser que pode enganá-lo, pois é um Deus que faz com que ele veja os seus próprios prejuízos, como acabamos de examinar. Eis aqui a nossa primeira surpresa: Deus presente quando o sujeito da dúvida apenas começa a conceituar a dúvida metódica, quando ainda ele nem começa a empreender os argumentos dessa dúvida. É como se a Meditação Primeira nem começasse e, no entanto, as Meditações Segunda, Terceira e Quarta oferecessem já os seus apoios ao sujeito da dúvida, fazendo com que ele deixe de ser um simples sujeito da dúvida. Antes de prosseguirmos em nossa análise, podemos examinar 2 argumentos que se relacionam ao que estamos dizendo. Em primeiro lugar, examinaremos um trecho de Laberthonière e depois examinaremos outro, de Frankfurt.

Laberthonière se pronuncia dessa maneira:

> para começar como ele constatou que os sentidos o enganam algumas vezes, conclui que não tem o direito de confiar e que aquilo que ele conhece por seu meio, isto é, o mundo exterior com suas cores, suas figuras e seus movimentos, devem ser considerados como coisas duvidosas. Entretanto, ele faz neste caso essa

> observação que se os sentidos o enganam algumas vezes, pode ser a partir de casos em que eles não são sensatos, e apesar disso, deve-se duvidar disso que se conhece por seu meio, como, por exemplo, *"que eu esteja aqui sentado junto ao fogo, vestido com um chambre, tendo este papel entre as mãos"*[15].

Certamente o comentário nos chama atenção mais para o argumento do sonho e menos para o que estamos abordando neste momento e, todavia, ele não deixa de corroborar para nossa empreitada, pois, neste comentário, também é afirmado, como nós dissemos, que o sujeito da dúvida é protagonista da dúvida metódica e, como tal, este sujeito faz proposições. Aliás, ao observar que a conclusão *"que eu esteja aqui sentado junto ao fogo, vestido comum chambre, tendo este papel entre as mãos"* é uma marca da autoria do sujeito da dúvida. O comentário de Laberthonière nos estimula ainda mais a ver o sujeito da dúvida como o principal protagonista da Meditação Primeira, mas, acima de tudo, como alguém que conceitua a dúvida metódica, na medida em que o próprio argumento do sonho, que é objeto de discussão desse comentário do qual estamos lançando mão, já traz em si a marca da dúvida metódica. Pois, afinal, qualquer etapa do percurso da dúvida só tem sentido porque ela traz em si o sentido da dúvida metódica e é justamente por isso que, quando Laberthonière comenta o argumento do sonho, ele corrobora a nossa afirmação acerca da dúvida metódica. Dessa forma, o comentário nos ajuda, na medida em que apontar o protagonismo do sujeito da dúvida é confirmar pelo menos um detalhe da nossa afirmação, porque o protagonismo do sujeito é algo que reside exatamente na região de domínio do espírito do sujeito da dúvida.

Já Frankfurt é mais direto em relação à dúvida metódica ao dizer que:

---

15. Laberthonnière, *Études sur Descartes*, v. I, p. 92-94.

> Descartes anuncia a sua intenção desde a primeira frase da Meditação Primeira: "estabelecer qualquer coisa de firme e de constante nas ciências". Se a razão o tem desde já persuadido de qualquer coisa a despeito de que seu espírito está vazio de todas as opiniões, este objetivo deve ter sido postulado a partir mesmo de seu argumento[16].

Como podemos perceber, Frankfurt não separa o Descartes do sujeito da dúvida[17], o que não nos parece tão saudável. A despeito desta indistinção, vamos considerar que ele fala de Descartes em relação ao sujeito da dúvida. Nessas condições, Frankfurt mostra 2 elementos essenciais para entender inicialmente o sujeito da dúvida. Primeiro, ele mostra a intenção inicial do sujeito da dúvida (para ele, é Descartes), na medida em que cita diretamente essa intenção e, ao fazer isso, já deixa patente a autoria do sujeito da dúvida, enquanto um sujeito protagonista da Meditação Primeira. Isto é, protagonista do percurso da dúvida que, por sua vez, toma sentido também com o anúncio dessa intenção de estabelecer algo de firme e de constante nas ciências. Pois, sabemos que essa necessidade nasce exatamente da constatação que o sujeito da dúvida faz e, por isso, mesmo "estabelecer qualquer coisa de firme e de constante nas ciências" é emprestar sentido ao percurso da dúvida, e, por essa razão, há aí uma coerência: se o sujeito da dúvida se encontra em franca suspeita em relação às opiniões e, se estas são o fundamento do saber vigente, e se este sujeito da dúvida se sente na obrigação de resolver esse impasse, então é claro que ele precisa "estabelecer qualquer coisa de firme e de constante nas ciências". Portanto, pela intenção do sujeito da dúvida, vislumbramos a própria dúvi-

---

16. Frankfurt, *Démons, rêveurs et Fous:* la défense de la raison dans les Méditations de Descartes, p. 42.
17. Ao contrário do que fizemos em nossa introdução ao falarmos da transferência de papel.

da. Afinal, o sujeito de que falamos não é um mero sujeito da dúvida, mas um sujeito que não quer a dúvida, pois há algo que o incomoda profundamente e, neste caso, trata-se da própria dúvida, porque ela vai de encontro ao que ele acredita. Isso tudo redunda no fato de que o sujeito da dúvida já inicia a sua trajetória no plano do método, na medida em que ele se lança logo sobre um projeto: rejeitar toda e qualquer opinião que se apresente falsa. O primeiro momento do sujeito da dúvida é um momento de projeto, de planejamento.

Em segundo lugar, Frankfurt mostra que o sujeito é protagonista em pleno processo de dúvida:

> se a razão o tem desde já persuadido de qualquer coisa a despeito de que seu espírito está vazio de todas as opiniões, este objetivo deve ter sido postulado a partir mesmo de seu argumento[18].

De acordo com esse protagonismo o sujeito da dúvida esvazia-se das opiniões, mas não se esvazia do seu poder de pensar, pois ele se persuade de qualquer coisa e se persuade inclusive de que as opiniões são falsas. Ora, é exatamente no auge dessa desconfiança que a dúvida metódica é concebida pelo sujeito da dúvida. Isto porque assim como esta desconfiança empresta sentido à intenção de estabelecer algo de firme e de constante nas ciências, como já mostramos, assim também ela empresta sentido à dúvida metódica. E é isso que queremos dizer quando afirmamos que é no auge da desconfiança que o sujeito da dúvida sistematiza a dúvida, tornando-a dúvida metódica. Afinal, essa desconfiança leva o sujeito a ter a necessidade de ultrapassar o simples estado de desconfiança e passar à uma dúvida sistematizada, isto é, à dúvida metódica.

---

18. Frankfurt, *Démons, rêveurs et Fous:* la défense de la raison dans les Méditations de Descartes, p. 42.

Daí ser ele o autor da sistematização da dúvida metódica. De qualquer forma, não nos enganemos em relação à frase de Frankfurt, porque ela vai um pouco além do que diz a frase de Laberthonière: ao apontar essa autoria inconfundível do sujeito da dúvida, Frankfurt o faz de maneira tal que nos aproximamos um pouco de suas afirmações, quer nos parecer. Pois, como já mostramos acerca de sua frase, ele diz que o sujeito se convence de qualquer coisa, mesmo com o espírito vazio das opiniões, o que para nós é mostrar que o sujeito da dúvida se esvazia de tudo, mas não de seu poder de conceber. Na verdade, Frankfurt tem essa ideia, e é quase impossível não tê-la, e é isso que nos faz acreditar ainda mais no que nos dispomos a afirmar.

Retomemos agora o exame que vínhamos fazendo da conceituação da dúvida metódica. E, para resumir o que entendemos por dúvida metódica, vamos dizer que é a maneira que o sujeito da dúvida encontra para concretizar o seu projeto: ele passa a considerar necessário "esvaziar-se" de todas as opiniões, para em seguida reconstruí-las. Esse "esvaziar-se" só pode acontecer se as opiniões forem consideradas duvidosas e, como elas são submetidas a um processo de dúvidas constante, que cada vez mais prova que elas são duvidosas, então esse estado de dúvidas força o sujeito a considerá-las como falsas. Portanto, existe uma dúvida condicional, isto é, o sujeito duvida das opiniões com a condição de que essa dúvida lhe mostre um caminho para estabelecer algo de firme e de constante nas ciências. Eis a dúvida metódica.

Acontece que essa primeira aproximação do conceito de dúvida metódica se dá por um ato de duvidar ou de desconfiar, isto é, para que esse sujeito duvide e conceitue a sua dúvida ele necessariamente usou do seu poder de conceber e de escolher, como já dissemos acima. Assim, o sujeito da dúvida, no momento em que conceitua a sua dúvida, revela-se como um sujeito que possui o mesmo estatuto do sujeito da Segunda, Terceira e Quarta Meditações. Ou seja, estamos falando de um sujeito que possui todas as condições de precipitar o *cogito* já no trecho que estamos analisando. Por que ele não o faz? Apenas por uma questão de método. Dessa forma, parece-nos que a Meditação Primeira condensa todas estas Meditações. Por conseguinte, enunciamos que também o sujeito da dúvida, que poderia, se o quisesse, ter precipitado o *cogito*, já inicia o seu percurso com o aparato necessário do sistema cartesiano.

Mas esta é apenas uma primeira aproximação do conceito da dúvida metódica pelo sujeito da dúvida e que, todavia, já foi capaz de nos dar uma primeira surpresa pelo fato de descobrirmos que a Meditação Primeira tem mais consequências do que se imagina. E não obstante, esta nossa primeira surpresa em face da performance intelectual do sujeito da dúvida, nos sentimos ainda na justa obrigação de detalharmos um pouco mais as deduções que fizemos, as quais podemos resumir assim, antes mesmo de seus detalhamentos: nossa análise de alguns fragmentos do parágrafo 1, da Meditação Primeira, levou-nos a dizer que o sujeito da dúvida se volta contrao saber vigente, *escolástico*. Na medida em que ele reduz todo esse saber ao que ele chama de *opiniões* (a que, até então, [ele] dera crédito) que, por sua vez, segundo ele, estão apoiadas sob certos princípios[19], decidindo-se pela rejeição dessas opiniões ou, se preferir, pela rejeição desses princípios. Dissemos, sem dúvida, que esta rejeição é, em outros termos, o ato de duvidar desses princípios, nos quais as opiniões estão apoiadas. Dissemos, ainda, que ao praticar essa dúvida, ele mostra que ela deve trazer a oportunidade de fundar uma nova ciência, cujos princípios sejam seguros e indubitáveis, diferentemente dos atuais, que são, segundo

---

19. A respeito dos quais já nos pronunciamos acima em nota. Mostramos, inclusive, a esclarecedora análise que Enéias Forlin faz das etapas da dúvida, na medida em que por meio dessa análise podemos perceber que os princípios nos quais as opiniões estão apoiadas aparecem.

este sujeito, inseguros e incertos. Por meio desse ato de duvidar do saber vigente, tendo como pressuposto para isso o desafio de estabelecer uma nova ciência, o sujeito da dúvida conceitua a dúvida como Dúvida Metódica; isto é, ela é meio e nunca é fim; mas, ao proceder assim, nos pareceu que a operação dessa conceituação envolve necessariamente 2 atos, a saber: o ato de conceber e o ato de escolher.

Tudo isso nos levou a fazer 4 deduções, a saber, dissemos que há a retroação até à Meditação Primeira das Meditações Segunda, Terceira e Quarta e a Segunda parte do Discurso do Método. Eis as deduções a que chegamos. Quanto à Meditação Segunda, é porque o ato de conceber parece nos levar diretamente a ela por sua peculiaridade, na medida em que é nessa Meditação que o sujeito se descobre como um ser que tinha e tem o poder de conceber, isto é, de entender as coisas e, por isso mesmo, como um ser que sabia e sabe discernir o certo do errado ou, para falar como o próprio sujeito da dúvida, o verdadeiro do falso. Quanto à Meditação Terceira, a sua retroação até a Meditação Primeira se dá por muitos motivos, mas para nós basta apontar 2: primeiro, o fato de o sujeito da dúvida ter duvidado, na medida em que esse ato de duvidar, na Meditação Terceira, faz o sujeito da dúvida reconhecer a ideia de perfeição, pois duvidar só foi possível graças à ideia de perfeição que já existia no sujeito da dúvida, isto é, é porque o sujeito da dúvida percebeu a ausência da perfeição nos princípios e nas opiniões que ele pode duvidar, e acima de tudo entender que duvidava. Assim, o ato de duvidar implica entendimento. Em segundo lugar, o fato de ele ter conceituado a dúvida como dúvida metódica ou, se se preferir, o que é o mesmo, o fato de este sujeito ter lançado mão do poder escolher e de entender, operando, assim, a distinção entre o certo e o errado, buscando, dessa forma, o verdadeiro, em detrimento do falso. Estes são os 2 motivos que fazem a Meditação Terceira retroagir até à Meditação Primeira. Porque, afinal, ainda falando sobre esta retroação, o sujeito da dúvida só pode ser dono desse princípio de conhecimento na medida em que ele é investido por Deus[20] desse poder de entendimento. E essa essência lhe é inserida, por obediência ao método, apenas na Meditação Terceira, quando ele terá que investigar a origem das ideias e de seu próprio ser, mostrando, assim, que a procura pela perfeição — que é inerente à Meditação Terceira — e a procura pela origem de sua essência — que também se dá na Meditação Terceira — acontecem justamente nessa Meditação apenas por uma questão metodológica. Todavia, a maneira como o sujeito da dúvida se expressa demonstrativamente aí denuncia explicitamente que a função desta Meditação é apenas a de demonstrar o que já era uma realidade naquele fragmento inicial do parágrafo 1 da Meditação Primeira, realidade que se alonga por toda a Meditação Primeira. Quanto à Meditação Quarta, ela retroage até a Meditação Primeira porque lá o sujeito da dú-

---

20. Isto é, se o *cogito* é um princípio de conhecimento, então ele só o é na medida em que esse poder foi conferido ao sujeito da dúvida por Deus, que é, nesse caso, o princípio primeiro antes de qualquer princípio, mesmo na ordem do conhecer, pois o primeiro objeto a ser conhecido nessa ordem do conhecer ou, como diz Guéroult, *na ordem das razões*, é o *cogito*, que por sua vez é totalmente garantido e possibilitado por Deus. Isto significa que o sujeito da dúvida não conhece o *cogito* por si só, ou seja, ela não basta a si mesma, nem para conhecer, e nem para começar a ser ela mesma, mas antes de qualquer coisa é preciso Deus como criador dessa *Res Cogitans* e de suas consequências. Um exemplo disso é a própria dúvida, que só foi possível porque o sujeito da dúvida tinha a ideia da perfeição em si, antes de qualquer outra ideia. Portanto, a anterioridade divina em Descartes salta aos olhos de qualquer um, a tal ponto de ela não deixar espaço a nenhuma outra coisa que, por ventura, possa ser considerada primeira. Por isso é que dizemos que a o cogito é princípio, mas daí dizer que ele é primeiro, isso não nos parece ser razoável (*vide* Descartes, op. cit., Tome II, p. 445-6). De qualquer forma, essa é uma questão que precisamos discutir mais adiante, quando considerarmos as posições de Guéroult e de Enéias Forlin, nossos principais interlocutores.

vida pode lançar mão justamente do ato de entender e de escolher, podendo, dessa forma, evitar o erro, mecanismo que é descrito prioritariamente na Meditação Quarta, mas que, como podemos testemunhar, já é uma realidade naquele início da Meditação Primeira. Ou seja, o sujeito da dúvida é, ele próprio, já naquele fragmento inicial do parágrafo 1 da Meditação Primeira, um promotor e beneficiário, por assim dizer, da teoria do erro, justamente mostrando como se faz para evitá-lo. Quanto à Segunda parte do Discurso do Método, esta retroage até à Meditação Primeira porque, ao conceituar a dúvida como Dúvida Metódica, o sujeito da dúvida lança mão de 2 dos primeiros preceitos do Discurso do Método.

Pois bem, cabe agora detalharmos um pouco estas 4 deduções que fizemos a partir da conceituação da dúvida como Dúvida Metódica pelo sujeito da dúvida.

2. Primeira dedução: a retroação da Meditação Segunda à Meditação Primeira

Nossa primeira dedução nos diz que a conceituação da dúvida como dúvida metódica pelo sujeito da dúvida nos revelou que ele tem o poder de separar o certo do errado e esse poder se inscreve justamente na MeditaçãoSegunda, mas ele já o revela na Meditação Primeira, o que faz com que a Meditação Segunda retroaja até à Meditação Primeira. De que maneira podemos mostrar essa relação entre as Meditações Primeira e Segunda, de modo que o sujeito da dúvida ganhe todas as capacidades, as quais dão a ele a condição de precipitar o *cogito*? De acordo com o cruzamento que fizemos entre as Meditações Primeira e Segunda, podemos mostrar 2, dentre as possíveis maneiras.

Em primeiro lugar, podemos dizer que o *cogito* do parágrafo 9 da Meditação Segunda está mais do que em potência no intelecto do sujeito da dúvida, porque as suas características descritas aqui nos remetem ao início do parágrafo 1 da Meditação Primeira:

> (...) que é uma coisa que pensa? É uma coisa que duvida, que concebe,que afirma, que nega, que quer, que não quer, que imagina também e que sente (...). Mas por que não lhe pertenceriam? Não sou eu próprio esse mesmo que duvida de quase tudo, que, no entanto, entende e concebe certas coisas, que assegura e afirma que somente tais coisas são verdadeiras, que nega todas as demais, que quer e deseja conhecê-las mais, que não quer ser enganado, que imagina muitas coisas, mesmo mau grado seu, e que sente também muitas como que por intermédio dos órgãos do corpo? (...). E tenho também certamente o poder de imaginar; pois, ainda que possa ocorrer (como supus anteriormente) que as coisas que imagino não sejam verdadeiras, este poder de imaginar não deixa, no entanto, de existir realmente em mim e faz parte do meu pensamento. Enfim, sou o mesmo que sente, isto é, que recebe e conhece as coisas como que pelos órgãos dos sentidos, posto que, com efeito, vejo a luz, ouço o ruído, sinto o calor (...) [21].

Dissemos que no início do parágrafo 1 da Meditação Primeira o sujeito da dúvida conceitua a dúvida como Dúvida Metódica por meio do ato de conceber e de escolher e, justamente porque ele é detentor desses 2 poderes, pode lançar mão dos 2 primeiros preceitos do método que se encontram resumidamente na Segunda Parte do Discurso do Método. Ora, neste parágrafo, o sujeito já demonstra o *cogito* e é investido exatamente desses poderes dos quais ele já se fazia usar naquele início do parágrafo 1 da Meditação Primeira. Então, o sujeito da dúvida diz que ele é uma coisa que pensa, mas

---

21. Descartes, op. cit., Tome II, p. 420-421.

explica o que se entende por "coisa que pensa". É, segundo ele, "(...) uma coisa que duvida, que nega, que quer e não quer, que afirma as coisas que pensa ser as corretas e nega as demais (...)"[22]. Ou seja, uma coisa que pensa é uma coisa que o sujeito da dúvida era naquele início do parágrafo 1 da Meditação Primeira e, como veremos mais adiante, em todo o restante da Meditação Primeira[23]. E pelo que nos pareceu até aqui, somente esta coisa que pensa descrita neste parágrafo 9 da Meditação Segunda é que poderia ser a essência mesma do sujeito da dúvida daquele início do primeiro parágrafo da Meditação Primeira. É impossível separar, pelo que estamos lendo neste parágrafo, o sujeito da dúvida do *cogito* descrito aqui, na medida em que esse *cogito* já estava pronto no intelecto do sujeito da dúvida, pelo que podemos dizer que o *cogito* sofreu um retardo em sua passagem da consciência ao ato.

O que queremos dizer é: a natureza do sujeito da dúvida no primeiro parágrafo da Meditação Primeira é pensar. O *cogito* já é uma realidade que ele hesita em expressar diretamente. Todavia, 2 observações são importantes.

A primeira é que o sujeito da dúvida é aquele que por uma questão metodológica se restringe ao domínio da dúvida, etapa necessária ao aparecimento posterior do *cogito*. A segunda observação é que o sujeito da dúvida é investido, na Meditação Segunda, do direito de ser detentor dos poderes de conceber e de escolher, isto é, é investido do direito de expressar um *cogito* propriamente falando. Pois, a Meditação Primeira é, por excelência, a Meditação em que prevalece o fato, mais do que o direito, embora, na verdade, o direito já seja uma realidade naquele início do parágrafo 1 da Meditação Primeira, fragmento ao qual ainda estamos presos. Assim, quando o sujeito da dúvida assume oficialmente, por

---

22. Ibidem.
23. A *Res Cogitans* já lateja nas atitudes do sujeito da dúvida no primeiro parágrafo da Meditação Primeira.

assim dizer, a sua condição de expressar o *cogito*, aí então o fato e o direito caminharão juntos, porque o mesmo sujeito terá não só o direito assegurado de ser o detentor do poder de conceber as coisas, mas também poderá praticar o ato de conceber, pois o sujeito da dúvida praticava o ato, mas lá parece que o direito de ser o detentor desse poder lhe é negado por uma boa parte dos comentadores de Descartes. Ou seja, o sujeito da dúvida já naquele primeiro fragmento da Meditação Primeira tem e utiliza esse poder sem, todavia, ser-lhe reconhecido historicamente.

Pelo que está dito acima, especialmente nos 2 parágrafos anteriores, o *cogito* do parágrafo 12 da Meditação Segunda já uma latência que está na essência do sujeito da dúvida. Isto é, o sujeito da dúvida já tem, em plena Meditação Primeira, um pensamento capaz de sustentar o o cogito. Se não fosse assim, o procedimento metodológico utilizado na Meditação Segunda, por exemplo, não se confundiria com o procedimento metodológico do início do parágrafo 1 da Meditação Primeira, apesar das devidas diferenças que certamente existem. E para mostrarmos isso, reconsideraremos, em primeiro lugar, o fragmento ao qual está em análise e, em segundo lugar, consideraremos o parágrafo 12 da Meditação Segunda para vermos se de fato existe essa condição.

O sujeito da dúvida diz exatamente neste fragmento ao qual ainda estamos presos que "... aquilo que depois eu fundei em princípios tão mal assegurados não podia ser senão mui[to] duvidoso e incerto ..."[24]. Para nós, esta frase é deten-

---

24. Descartes, op. cit., Tome II, p. 404. Isso se explica porque duas coisas antecedem à conclusão de que eu existo. A primeira é o próprio percurso da dúvida, pois é só porque existiu a dúvida que o sujeito da dúvida pode concluir que ele existia. Portanto, o percurso da dúvida existe como um dado factual que prova a sua existência, ainda que apenas na medida do pensamento. De acordo com o próprio sujeito da dúvida, sem este fato ele não poderia concluir pela sua própria existência. Na verdade, é para isso que a dúvida foi utilizada, mas isso não significa que ele seja um fingimento

tora da regra geral, na medida em que a enuncia explicitamente, e é impossível que esta regra não esteja aqui presente. Ela governa este enunciado porque o sujeito da dúvida faz uma operação que somente é autorizada pela regra geral: tudo aquilo que lhe foi transmitido pelo saber vigente como certo e indubitável tornou-se, de fato, incerto e dubitável. Se a regra geral diz que só o que é claro e distinto é verdadeiro, então podemos pensar que o que não é claro e distinto é falso, pois esta é uma conclusão logicamente dada na própria regra. Portanto, nos parece que esta regra tem 2 ensinamentos importantes: 1) falso é tudo o que não é claro e distinto e que, 2) por definição, incerto e duvidoso é aquilo que não é claro e distinto, e estes 2 ensinamentos se explicam, porque tanto o que não é claro e distinto, quanto o que é incerto e duvidoso, é falso. Isto é, a falsidade é matéria destes 4 itens que a regra geral condena. O que fez o sujeito da dúvida, senão aplicar esta regra, na medida em que ele chega à conclusão ou simplesmente diz que os princípios são duvidosos e incertos? E como ele chegaria à esta conclusão se ele não estivesse justamente de posse desta regra, já que, afinal, no sistema cartesiano ela é a regra geral pela qual se distingue o verdadeiro do falso?[25] É certo que o sujeito da dúvida é o sujeito da desconfiança, mas a regra geral é a regra da desconfiança. Da

---

porque estamos falando de um uso metódico da dúvida, conceito efetuado, como vimos, pelo próprio sujeito da dúvida. Em segundo lugar, antecedem à conclusão pela existência do eu três parágrafos nos quais Descartes prepara o próximo parágrafo em que ele deverá reconsiderar a própria dúvida para, de posse novamente da dúvida sobre si próprio, mostrar que existia. Isto é, a conclusão de que eu existo não é imediata, porque ela depende de dados que a antecedem. Portanto, a clareza e a distinção do *cogito* só acontecem sob um forte percurso da dúvida e uma reconsideração desse percurso. Nestas condições não há imediaticidade.

25. Afinal, dizer que os princípios nos quais as opiniões estão apoiadas são falsos não é colocá-los no conjunto das coisas falsas e, portanto, distingui-los do verdadeiro? Parece-nos que isso está dado no fragmento que estamos lendo.

mesma forma, os 2 primeiros preceitos do Método, que se encontram na segunda parte do Discurso do Método, estão implicitamente enunciados nesta frase. Pois, se perguntarmos a nós mesmos o que nos parece que seja a regra geral, o que diríamos? Diríamos que ela é uma vinculação muito forte entre os 4 preceitos e todo o movimento metafísico cartesiano, na medida em que tanto na regra geral, quanto nos 4 preceitos, a exigência pela clareza e distinção é algo indiscutível, pois, afinal, todo o esforço dos 4 preceitos é o mesmo da regra geral, a saber, chegar, *indigere*, a um conhecimento verdadeiro. Por conseguinte, claro e distinto. Por isso é que dizemos que se a regra geral é algo muito patente nesta primeira frase do parágrafo 1 da Meditação Primeira, então é claro que os 2 primeiros preceitos também o são, por um lado. Por outro lado, já dissemos acima que os 2 primeiros preceitos do Método estão presentes neste primeiro fragmento (do qual até este momento não conseguimos nos desvincular), na medida em que o fragmento nos esclarece suficientemente que o sujeito da dúvida tanto analisa o problema que ele enuncia, quanto divide tal problema, reduzindo-o aos princípios nos quais as opiniões estão apoiadas, de tal modo que, chegando em tais princípios, ele deixa claro o que é que realmente interessa pôr em dúvida. Por estas razões, mais de uma vez nos surpreendemos ao vermos o sujeito da dúvida de posse não apenas dos dois primeiros preceitos do Método, mas também da regra geral. Por estas razões, o sujeito da dúvida enunciará o *cogito*, que por sua vez já deveria ter sido enunciado, se assim o sujeito da dúvida o quisesse.

Como se explica essa tese de que o sujeito da dúvida já poderia ter enunciado o *cogito*, senão por meio da leitura do parágrafo 12 da Meditação Segunda, isto é, a célebre análise do pedaço de cera? Vejamos se isso ocorre realmente:

mas eis que, enquanto falo, é aproximado do fogo: o que nele restava de sabor, exala-se, o odor se esvai, sua cor se modifica, sua figura se altera, sua grandeza aumenta, ele torna-se líquido, esquenta-se, mal o podemos tocar e, embora nele batamos, nenhum som produzirá. A mesma cera permanece após essa modificação? Cumpre confessar que permanece: e ninguém o pode negar. O que é, pois, que se conhecia deste pedaço de cera com tanta distinção? Certamente não pode ser nada de tudo o que notei nela por intermédio dos sentidos, posto que todas as coisas que se apresentavam ao paladar, ao olfato, ou à visão, ou ao tato, ou à audição, encontram-se mudadas e, no entanto, a mesma cera permanece. Talvez fosse como penso atualmente, a saber, que a cera não era nem essa doçura do mel, nem esse agradável odor das flores, nem essa brancura, nem essa figura, nem esse som, mas somente um corpo que um pouco antes me parecia sob certas formas e que agora se faz notar sob outras. Mas o que será, falando precisamente, que eu imagino quando a concebo dessa maneira? Consideremo-lo atentamente e, afastando todas as coisas que não pertencem à cera, vejamos o que resta. Certamente nada permanece senão algo de extenso, flexível e mutável. Ora, o que é isso: flexível e mutável? Não estou imaginando que esta cera, sendo redonda, é capaz de se tornar quadrada e de passar do quadrado a uma figura triangular? Certamente não, não é isso, posto que a concebo capaz de receber uma infinidade de modificações similares e eu não poderia, no entanto, percorrer essa infinidade com minha imaginação e, por conseguinte, essa concepção que tenho da cera não se realiza através da minha faculdade de imaginar[26].

---

26. Descartes, op. cit., Tome II, p. 423-424.

Por que podemos dizer que este parágrafo nos remete ao sujeito da dúvida daquele primeiro fragmento? Porque a nossa leitura deste parágrafo nos mostrou que temos diante de nós um momento flagrante no qual o sujeito da dúvida faz uso dos 2 primeiros preceitos do Método que se encontram na segunda parte do Discurso do Método, além do uso que também ele faz da regra geral. Isso se explica porque o sujeito da dúvida se vê diante de um objeto que, inicialmente, mostra-se como algo comumente conhecido como pedaço de cera. Pretende-se conhecer esse pedaço de cera diante de si, mas esse conhecimento se dá principalmente por meios que não são familiares ao sujeito da dúvida e, dessa maneira, este não recebe tal objeto como algo conhecido, como algo claro e distinto, mas como algo que precisa ser investigado, algo que inicialmente não se apresentou de maneira clara e distinta, não se apresentou tal como manda a regra geral. Não se apresentou de maneira clara e distinta segundo a sua maneira de receber qualquer objeto do conhecimento, mas segundo a maneira tradicional, contra a qual Descartes se volta: esse objeto (o pedaço de cera) seria logo claramente conhecido. Por que tal objeto seria já conhecido? Porque para esse saber tradicional, bastaria que ele se apresentasse aos olhos do observador. Por que, para o sujeito da dúvida, a simples apresentação do objeto diante do observador não basta? Porque o sujeito da dúvida já possui a ajuda de uma regra que vai de encontro aos princípios estabelecidos pelo saber vigente (a *Escolástica*), isto é, eles já contam com a regra geral[27] e contam também com o concurso dos 2 primeiros preceitos do Discurso do Método. Quanto ao sujeito da dúvida, já sabemos como isso se explica, mas quanto ao *cogito*, precisamos mostrar, segundo este parágrafo que estamos analisando, por que motivo o sujeito da dúvida poderia ter enunciado tal *cogito* cesse, o que pode-

---

27. Embora ela só apareça efetivamente na Meditação Terceira, quando lá Descartes a deduzirá da descoberta do *cogito*.

mos, talvez, chamar de vínculo entre o *cogito*, os 2 preceitos e a regra geral.

Qual é o papel da análise do pedaço de cera? Em nossa análise observamos que o seu objetivo parece ser o de mostrar o que a cera é, porque sabendo-se o que é a cera, sabe-se ao mesmo tempo que o espírito é mais fácil de ser conhecido que o corpo. Mas dissemos, inicialmente, que esse pedaço de cera se apresenta ao sujeito da dúvida como sendo efetivamente um pedaço de cera e, todavia, ele não o toma como tal. Por quê? Porque, de acordo com este parágrafo, é da natureza do sujeito da dúvida nunca tomar um objeto tal como este se apresenta, mas apenas tomar um objeto a partir de uma análise, pois é esta análise que lhe mostrará o que é tal objeto 25. Porque, o sujeito da dúvida, diferentemente dos sentidos nos quais as opiniões estavam apoiadas, só pode conhecer quando opera uma análise apurada das coisas. Porquanto o conhecimento do *cogito* é mais lento e, Descartes diria, é também mais seguro do que o conhecimento dos sentidos, isto é, dos corpos. Pois, estes conhecemos por contato, e aquele por meio da análise. Tanto é, assim, que nem o conhecimento do próprio *cogito* foi tão imediato como sempre se acredita que foi[28]. Foi exatamente o que aconteceu com o famoso pedaço de cera. Esse se apresentou ao sujeito da dúvida como sendo um efetivo pedaço de cera, isto é, que ele pode ser conhecido não apenas pelo pensamento, mas ainda por muitos outros meios, dentre os quais os sentidos em que as opiniões estão apoiadas, mas a análise operada mostrou que apenas o pensamento pode conhecer tal pedaço de cera. Mostrou que o que pode ser conhecido da cera é apenas aquilo que o pensamento pode representar. Melhor, mostrou que a cera é apenas aquilo que o pensamento pode representar. Então, o que é a cera para o sujeito da dúvida, segundo esta análise, senão algo extenso, flexível e mutável? Pois bem, algo ex-

---

28. Conferir nota 24.

tenso, flexível e mutável apenas, porque todas as coisas que eram pretensamente conhecidas pelos sentidos, além dessas 3 qualidades, não se sustentaram diante do rigor analítico do sujeito da dúvida, isto é, aquilo que talvez pertença (se de fato pertencer) à cera, mas que cai sob o poder dos sentidos, não pode ser conhecido pelo pensamento, isto é, não pode ser conteúdo de representação. Ora, essa conclusão só foi possível graças aos procedimentos aos quais nós já nos referimos, a saber, os 2 preceitos do método e a regra geral, pelo menos. Por que podemos dizer que estes dois procedimentos são importantes nesta análise? Primeiro, porque já temos efetivamente uma análise no sentido exato da palavra, o que indica que temos aí o segundo preceito do Método. Segundo porque, ao proceder analiticamente, o sujeito da dúvida se inscreve no primeiro preceito do Método, na medida em que a análise não é mais do que a obediência ao que prescreve este primeiro preceito, isto é, o fato de ele não receber como certo aquilo que não se apresentar ao espírito como indubitável. Então, se houve a aplicação do segundo preceito, inevitavelmente ocorreu também a do primeiro. Mas, se houve a aplicação desses 2 preceitos do Método, então é impossível que a regra geral não tenha sido aí aplicada, na medida em que proceder analiticamente é, sem dúvida, examinar a clareza e a distinção do objeto em questão. E isso é o que pede a regra geral. Ora, o que é a análise do pedaço de cera, senão a busca pela clareza e distinção do pedaço de cera? E o que é claro e distinto no pedaço de cera, senão a extensão?

Por tudo isso, parece-nos que o *cogito*, como conhecimento da Meditação Segunda, retroage até à Meditação Primeira, mostrando-nos fortemente, pelas razões indicadas acima e, principalmente, pela conceituação da dúvida como dúvida metódica, que o sujeito da dúvida já o tem desde o início. Esta é a nossa primeira dedução da conceituação da dúvida como dúvida metódica, empreendida pelo sujeito da dúvida, como mostramos acima. Se o procedimento do sujeito da dúvida não fosse como está configurado no fragmento que ainda estamos analisando, talvez não fosse possível tal dedução. Continuaremos a leitura deste fragmento, porque talvez possamos operar uma segunda dedução.

3. Segunda dedução: a retroação da Meditação Terceira à Meditação Primeira

Pela mesma razão, podemos dizer que o sujeito do método 24.1 da Meditação Terceira é o mesmo sujeito da dúvida da Meditação Primeira, na medida em que, como já dissemos, ao conceituar a dúvida como dúvida metódica o sujeito da dúvida se revela um sujeito com o poder de conceber, o que o inscreve justamente na Meditação Terceira, tornando-o, ainda, mais equivalente ao sujeito do método. Devemos nos perguntar: por que esse uso do poder de conceber torna o sujeito da dúvida equivalente ao sujeito do método da Meditação Terceira? Certamente não pode ser pelo fato de o sujeito do método possuir como essência o pensamento e todas as suas modalidades, e nem também pelo fato de ele ter a capacidade analítica, pois tudo isso o torna apenas o mesmo sujeito do método da Meditação Segunda. Então, por que motivo podemos dizer que ele é também equivalente ao sujeito do método da Meditação Terceira? Parece que o parágrafo 23 da Meditação Terceira (p. 445-6) pode nos mostrar a resposta. Arrisquemos, inicialmente, dizer que de fato ele nos dá a resposta, o que nos obriga a analisá-lo mais de perto. Isso significa que será necessário, mais uma vez, lermos o fragmento inicial do primeiro parágrafo da Meditação Primeira, pois entendemos que é justamente nele que a figura do sujeito da dúvida se expressa com o poder de conceber e de analisar as coisas.

No parágrafo em questão, Descartes se expressa dessa maneira:

> e não devo imaginar que não concebo o infinito por uma verdadeira ideia, mas somente pela negação do que é finito, do mesmo modo que compreendo o repouso e as trevas pela negação do movimento e da luz: pois, ao contrário, vejo manifestamente que há mais realidade na substância infinita do que na substância finita e, portanto, que, de alguma maneira, tenho em mim a noção do infinito anteriormente à do finito, isto é, de Deus antes que de mim mesmo. Pois, como seria possível que eu pudesse conhecer que duvido e que desejo, isto é, que me falta algo e que não sou inteiramente perfeito, se não tivesse em mim nenhuma ideia de um ser mais perfeito que o meu, em contraposição ao qual eu conheceria as carências de minha natureza?[29]

O que está em jogo neste parágrafo é a explicação da prova da existência de Deus. A maneira pela qual a existência de Deus é concebida é totalmente diferente de uma dedução, na medida em que essa ideia não é resultante de um conhecimento prévio que, partindo daí, pode-se ter a certeza de que Deus existe, tal como se fez com as ideias da extensão e do *cogito* (nas Meditações Segunda e Terceira). Isto é, ela não está subordinada à uma regra geral que exige a clareza e a distinção para que o conhecimento seja verdadeiro. Pelo contrário, Deus existe e eu sei disso justamente porque pude agir, porque pude praticar o ato do conceber, porque pude praticar o ato da dúvida. Essa existência é anterior a tudo isso porque pude praticar tudo isso, e toda essa prática só foi possível justamente porque eu sempre tive em mim a ideia de Deus, antes de qualquer outra ideia, pois qualquer que seja a ideia, esta sempre tem como causa a ideia de Deus. Pois, do contrário, nada disso eu teria praticado lá no campo do fato, que é a Meditação Primeira. O sujeito da dúvida não teria nem duvidado

---

29. Descartes, op. cit., Tome II, p. 445-446.

e nem praticado o ato do conceber; e, por conta dessa sua impossibilidade, ele não teria descoberto o *cogito* e que, por isso mesmo, esse sujeito já tinha tanto a existência, quanto a essência, logo naquele fragmento inicial da Meditação Primeira. Ou seja, o que verdadeiramente conta neste parágrafo que estamos lendo por força daquele fragmento é a anterioridade divina que, primeiramente, faz o sujeito da dúvida agir, praticando a dúvida por meio dos atos de conceber e de escolher e, em segundo lugar, faz o *cogito* latejar na mente do sujeito da dúvida[30]. Então, isso pode ser dito nos seguintes termos: temos na Meditação Terceira, especialmente neste parágrafo 23 que estamos analisando, uma petição de direito do sujeito do método ao sujeito da dúvida e deste àquele. Isto é, temos neste parágrafo uma representação para igualar o sujeito do método ao sujeito da dúvida e este àquele. O que é o mesmo que dizer: temos uma petição de anulação ou de um ou de outro, isto é, ou eu anulo o sujeito do método, e temos o sujeito da dúvida, ou se anula o sujeito da dúvida e temos simplesmente o sujeito do método. Sem, todavia, que essa anulação seja necessária, mas afirmamos que ela existe apenas para efeito de compreensão da questão do direito que o sujeito da dúvida adquire por meio da Meditação Terceira.

Contudo, como as etapas são importantes no percurso das Meditações, então a petição manifestada neste parágrafo essencial se limita a pedir apenas a igualdade entre sujeito da dúvida e sujeito do método, isto é, o sujeito da dúvida não é menos sujeito do método do que o sujeito do método, mas também o sujeito do método não é menos sujeito da dúvida do que o sujeito da dúvida, o que significa que ambos não são

---

30. "(...) pois, como seria possível que eu pudesse conhecer que duvido e que desejo, isto é, que me falta algo e que não sou inteiramente perfeito, se não tivesse em mim nenhuma ideia de um ser mais perfeito que o meu, em contraposição ao qual eu conheceria as carências de minha natureza?" (Descartes, op. cit., Tome II, p. 445).

senão as mesmas coisas. E parece-nos que fica, dessa maneira, sancionada a igualdade de direito entre um e outro. Mas que direito? O direito de o sujeito do método ser o sujeito da dúvida, e de este ser aquele. Acontece que esse tribunal do direito e da razão só pode nos levar a entender que a ideia da infinitude é o único princípio de direito que reside tanto no sujeito do método, quanto no sujeito da dúvida, justamente porque ela é o motor, por assim dizer, tanto de um, quanto de outro. Se não fosse assim, a dúvida não seria a falta de alguma coisa no espírito do sujeito da dúvida, isto é, ela não seria a prova da sua imperfeição, mas por isso mesmo essa imperfeição não faria o sujeito do método reconhecer que ele é imperfeito porque existe um ser mais perfeito como causa de si e também do próprio sujeito da dúvida, causa já anteriormente presente no espírito deste sujeito, por conseguinte, ao sujeito do método não seria dada a possibilidade de entender a ideia dessa infinitude, justamente porque ele mesmo, o sujeito do método, já era o sujeito da dúvida, sem dúvida.

Ora, não nos parece correto dizer que a ideia de Deus nas Meditações é apenas um "piparote" para fazer o mundo girar, depois do que não se faz mais necessária tal ideia, como disse Pascal[31]. Pelo contrário, por meio dessa petição que acabamos de testemunhar, nem o sujeito do método e nem o sujeito da dúvida podem ser, se não for sabido que anteriormente a infinitude já era uma realidade perfeita. E, o que é ainda mais escandaloso, esse saber não é dado por uma ideia clara e distinta, como já dissemos acima, mas ao contrário, eu só posso ter a ideia clara e distinta do *cogito*, justamente por conta dessa anterioridade divina, o que significa dizer que a regra geral só vale para o *cogito* e para os outros conhecimentos que se seguem se, por ventura, existirem de fato. Se não fosse assim, como poderia o sujeito do método ter de si mesmo uma ideia clara e distinta, se ele não tivesse anteriormente em si

---

31. Pascal, Pensamentos.

uma ideia mais perfeita do que essa ideia clara e distinta de si mesmo? Isso significa que eu não concebo, como concebi que existo, a ideia de Deus por uma dedução, mas pela imediata[32] disposição das coisas tal como elas parecem tanto ao sujeito da dúvida como duvidando ou, em outro momento, pensando, isto é, é só pela instantaneidade[33] da minha realidade que sei que existe uma ideia mais perfeita que a ideia de mim mesmo. Ora, já com o *cogito* e com a ideia de extensão não é assim que ocorre, pois tanto um, quanto outro, é concebido somente a partir daquilo que o espírito pode representar, em primeiro plano; depois, essas ideias são submetidas a um exame de paternidade, por assim dizer, isto é, para ver se elas podem ser concebidas a partir da existência de uma ideia mais perfeita[34]. Do contrário, elas não poderiam fazer parte do sistema carte-

---

32. Diferentemente do termo "instantâneo", que usamos anteriormente, usamos agora, "imediata disposição" das coisas, para dizer que elas estão dispostas por Deus, sem que para isso o homem o ajudasse a dispô-las em tal ordem. Portanto, o termo "imediato" aqui é para expressar que a ação divina não precisa de intermediário.

33. Estamos dizendo que a minha realidade é instantânea. Por quê? Porque, como dissemos, Deus dispõe as coisas de maneira "imediata". Ora, estamos encarando a dúvida como uma coisa, um fato. Se é um fato, ou uma coisa, esta coisa "dúvida" é disposta imediatamente no espírito do sujeito, mas uma vez disposta imediatamente, ela passa a ser "instantânea" em relação ao sujeito, isto é, a sua percepção se torna rápida, tão rápida que provoca a percepção do próprio *cogito*.

34. Nesse caso, é impossível alguém fazer uma afirmação do tipo: "toda verdade demonstrada supõe o *cogito* e o *cogito* não depende de nenhuma outra verdade para ser demonstrado. Assim, para ser demonstrado, Deus depende da demonstração do *cogito*, mas este não depende de Deus em sua demonstração", pois isso é negar exatamente que antes de qualquer coisa o sujeito da dúvida se descobre exatamente na própria ideia de Deus, isto é, antes de qualquer coisa o que se descobre é a ideia de Deus, embora essa descoberta seja feita apenas na Meditação Terceira, mas, acreditamos, por uma razão metodológica. "(...) pois, como seria possível que eu pudesse conhecer que duvido e que desejo, isto é, que me falta algo e que não sou inteiramente perfeito, se não tivesse em mim nenhuma ideia de um ser mais

siano. Portanto, o *cogito* e a extensão só podem ser conhecidos pela ideia clara e distinta, que significa 2 etapas.

A primeira, quando eu posso representar estas ideias, independentemente da existência de objetos exteriores que teriam a pretensão de ser-lhes as suas causas, mas nessa representação intelectual elas não são causas de nada. A segunda, é quando eu posso extrair estas ideias de alguma outra mais perfeita que elas e que, por conseguinte, é a causa de todas[35]. Ora, o conhecimento da ideia de Deus não passa por essas etapas, mas apenas por uma, que é a etapa da causa, isto é, a segunda etapa, e ela se mostra como causa de si mesma. Portanto, para a ideia de Deus não existe a exigência da ideia de clareza e distinção[36]. Ao contrário, à ideia clara e distinta exige-se outra, que é a ideia de Deus. Ou seja, à ideia clara e distinta que o sujeito do método tem de si mesmo precede uma outra mais perfeita, isto é, a ideia de Deus, que independe dessa ideia de clareza e distinção que eu tenho de mim mesmo e da extensão como substância do corpo e de todas as outras ideias que por ventura eu vier a ter. Ainda é preciso dizer que Descartes reconhece que a ideia de Deus prova a ideia do *cogito* ou da extensão antes e depois da regra geral.

Pois, neste parágrafo em análise, é dito que na Meditação Primeira esta ideia mais perfeita que todas as outras já atua-

---

perfeito que o meu, em contraposição ao qual eu conheceria as carências de minha natureza?" (Descartes, op. cit., Tome II, p. 445).

35. É certo que Descartes extrai a regra geral imediatamente após saber que já existia lá no percurso da dúvida. Mas, ela é também imediatamente submetida à uma série de exames das ideias, exames que vão culminar com a ideia de Deus, e só a partir daí é que a regra geral passa a ter validade enquanto regra, mas antes ela apenas foi enunciada. Ou seja, ela não valeu no momento quando foi decretada, pois esse decreto dependeu totalmente da sanção da ideia de Deus. Daí dizer que esta regra geral possui duas etapas: quando é enunciada e quando é reconhecida a ideia de Deus. Então, regra geral sem a ideia de Deus não vale. Aliás, nos parece que tudo no sistema cartesiano depende da sanção da ideia de Deus.

36. Se existisse, então a acusação de circularidade teria sentido.

va[37], nos fazendo entender que ela prova o *cogito* antes mesmo da regra geral e, além do mais, sobre isso não há dificuldade, depois da regra geral a ideia do *cogito* e a própria regra geral serão postas em xeque. Por isso, necessitarão novamente da ideia de Deus para serem restabelecidas. Portanto, Deus prova o *cogito* antes e depois da regra geral. Na verdade, esta dificuldade toda tem uma fonte: é que depois que a regra geral é decretada, ela é imediatamente posta em xeque para, só com a ideia de Deus estabelecida, ser sancionada, como nos parece que mostra Franklin Leopoldo e Silva no trecho de seu livro que acabamos de citar em nota logo acima. Ora, isso significa que no espaço que compreende o decreto da regra geral até a sua sanção — com a ideia de Deus estabelecida —, existe uma tensão entre fato e direito, porque quando a regra geral é decretada, a sua única convicção é o fato da existência do *cogito*,

---

37. Sobre isso, nada mais esclarecedor do que este trecho de "A Metafísica da modernidade", de Franklin Leopoldo e Silva (1998): "quando o Eu Pensante descobre em si a ideia de algo infinitamente perfeito, descobre também algo que o ultrapassa e que já vinha implicitamente atuando como critério de busca da verdade. Pois quando o Eu pensante se reconhecia imperfeito por errar e duvidar, só o fazia remetendo-se implicitamente a algo de mais perfeito do que ele mesmo. Quando esta ideia de Deus foi explicitada, a garantia subjetiva e relativa do Eu pensante cedeu lugar à garantia objetiva e absoluta de Deus. Lembremo-nos de que o Eu pensante era dotado de uma irremediável *atualidade* no sentido de *instantaneidade*: sendo o pensamento a única garantia de si mesmo, o próprio Eu pensante é verdadeiro *se* e *enquanto* o penso. Quando atingimos uma garantia absoluta, essa instantaneidade cede lugar à eternidade do verdadeiro, garantida pela eternidade de Deus. Passo assim, do relativo ao absoluto" (p. 68-9). O nosso esforço para esclarecer esta questão presente neste trecho é dizer exatamente o que estamos dizendo acima: tanto o *cogito*, quanto a regra geral serão postos em xeque logo após serem descobertos, e somente com a ideia de Deus é que tanto o *cogito*, quanto a regra geral poderão ter suas validades asseguradas. Mas, é exatamente essa ideia que acabamos de extrair de Franklin Leopoldo e Silva: ao *cogito*, enquanto a ideia de Deus não for descoberta, cabe-lhe apenas uma verdade relativa e instantânea, mas é por isso mesmo que nós dizemos que antes da ideia de Deus tudo é posto em xeque.

mas como isso não é suficiente, então o fato se retrai diante da importância que o direito dará à esta regra, isto é, o fato fica como que vulnerável enquanto o direito não chega. Ora, se o fato fica vulnerável, é claro que a regra também fica, na medida em que este fato, que é sua razão de ser, está litigiosamente em desvantagem. E se a regra está vulnerável, sendo ela, por enquanto, a medida da certeza do *cogito*, tudo o mais, inclusive o *cogito*, está: menos é, claro, a ideia de Deus que, como dissemos, independe dessa regra. Será então necessário vir a sanção por meio da ideia de Deus, para que a regra e o *cogito* se restabeleçam e a tensão termine.

Explica-se, desse modo, a existência e a essência do sujeito da dúvida justamente naquele nosso famoso fragmento e, inevitavelmente, a retroação incondicional da Meditação Terceira à Meditação Primeira. Isto é, Deus fazendo o sujeito da dúvida cumprir a sua etapa no movimento metafísico. Eis a nossa segunda dedução. E logo após a leitura deste parágrafo 23 que acabamos de fazer, 2 coisas nos levam diretamente à Meditação Primeira, a saber, a própria dúvida e, como não poderia ser diferente, o poder de conceber. Nós somos levados a estes 2 elementos essenciais da Meditação Primeira na medida em que a dúvida praticada pelo sujeito da dúvida afastava o próprio *cogito*, e também ela é, lá naquele fragmento ainda em análise, o objeto do próprio ato de conceber. Mas, agora a nossa leitura deste fragmento passa a ter mais sentido para o que estamos querendo dizer: "... aquilo que depois eu fundei em princípios tão mal assegurados não podia ser senão mui[to] duvidoso e incerto ..."[38]. Nesse registro em que está o predomínio do fato, o que prova a existência do *cogito* é exatamente a existência de Deus, antes mesmo do decreto da regra geral e, todavia, ainda depois desta. Ela novamente provará a existência do *cogito*, configurando, assim, um antes e um depois, cobrindo, dessa forma, todo o espaço metafísico possí-

---

38. Descartes. , op. cit., Tome II, p. 404.

vel. O que queremos dizer com isso é: se só tem sentido falar de um sujeito da dúvida porque ele recebe da substância divina todo o seu poder de duvidar e de pensar, de acordo com o que expusemos durante este primeiro capítulo, e se também todo o restante do movimento metafísico é governado por essa mesma substância, então ela cobre todas as Meditações, a começar pela Primeira, indo até a Sexta.

4. Terceira dedução: a retroação da Meditação Quarta à Meditação Primeira

Iniciemos pelo trecho ao qual ainda estamos presos pela força de seu significado para o percurso da dúvida e para a constituição ontológica do sujeito da dúvida. Para nós, faz sentido falar dessa constituição ontológica, porque ela já se nos mostrou de maneira bem surpreendente, agregando em seu ser a estrutura do *cogito*, mas é justamente essa agregação que, para nós, é surpreendente, porque, assim, o sujeito da dúvida assume o *cogito*. Citemos mais uma vez o famoso trecho para continuarmos o nosso percurso, que é totalmente dependente deste trecho: "... aquilo que depois eu fundei em princípios tão mal assegurados não podia ser senãomui[to] duvidoso e incerto..."[39]. De acordo com o que já estudamos acerca deste trecho, ele é principalmente a conceituação da dúvida como dúvida metódica pelo sujeito da dúvida. Mas uma leitura um pouco mais avançada desta Meditação Primeira, mais exatamente a leitura de um fragmento do segundo parágrafo, mostra 2 detalhes importantes, a saber, uma característica da dúvida metódica, que ainda não havíamos percebido, e que se liga diretamente ao trecho supracitado, e uma característica do sujeito da dúvida:

---

39. Ibidem.

> agora, pois, que meu espírito está livre de todos os cuidados, e que consegui um repouso assegurado numa pacífica solidão, aplicar-me-ei seriamente e com liberdade em destruir em geral todas as minhas antigas opiniões (...).[40]

Examinemos cada uma das características em particular.

Quanto à característica da dúvida, percebemos claramente que o sujeito da dúvida expressa a seriedade da dúvida, na medida em que ela não é um fingimento seu. Isso fica patente quando ele declara a decisão de se aplicar com liberdade e seriedade, o que nós traduzimos por um compromisso de cumprir uma agenda de exercícios de dúvidas que possuem objetivos e por isso são dúvidas que possuem razão de ser. Se essa dúvida é uma agenda, não pode ela ser uma dúvida pela dúvida, pois isso seria, em nosso entender, uma dúvida sem uma decisão de duvidar, mas se ela se apresenta como uma agenda, então é resultado de uma decisão. Se é assim, então ela tem um papel e a sua presença só tem sentido na medida em que ela é uma dúvida pelo compromisso de duvidar, porque esse exercício tem que chegar a um resultado[41]. Por aí temos uma característica da dúvida: trata-se de uma dúvida séria, que é resultado de uma decisão e, por isso, é uma dúvida que pertence a um plano metodológico, mas ela própria é um método. É aí que consiste a seriedade da dúvida: esta existe porque está a serviço de um plano, mas não porque surgiu naturalmente, como se fosse obra do acaso.

Pelo contrário, ela é obra de uma decisão:

> agora, pois, que meu espírito está livre de todos os cuidados, e que consegui um repouso assegurado numa pacífica solidão, aplicar-me-ei seriamente e com liber-

---

40. Descartes, op. cit., Tome II, p. 405.
41. E por isso mesmo é metódica.

dade em destruir em geral todas as minhas antigas opiniões (...)."[42]

É claro que essa decisão já possui o aval de uma constatação, justamente a constatação que perseguimos desde o início de nosso trabalho: "(...) aquilo que depois eu fundei em princípios tão mal assegurados não podia ser senão mui[to] duvidoso eincerto (...)"[43]. É perceptível que esta constatação possui um peso imenso em todas as decisões do sujeito da dúvida, e neste caso não podia ser diferente, pois a sua decisão de duvidar decorre daqui. Portanto, a dúvida tem o peso de uma decisão, mas esta decisão por sua vez tem o peso de uma constatação. E tudo isso configura o método capaz de arruinar o alicerce das opiniões.

Em relação a isso, podemos ter uma noção do que Enéias Forlin pensa por meio deste trecho:

> na visão de Descartes, é precisamente porque é provisória que a dúvida é uma dúvida séria. Para ele, é estar sempre irresoluto que é uma afetação — afetação dos céticos, que duvidam apenas por duvidar. A dúvida, quando levada a sério, só pode mesmo se mostrar provisória: é essa a experiência pessoal de Descartes, a qual ele nos relata na terceira parte do *Discurso* (...).[44]

Como é possível perceber, Enéias Forlin situa muito bem a seriedade da dúvida, pois ele mostra que esta seriedade reside no caráter provisório da mesma. Isso não vai ao encontro do que estamos dizendo, na medida em que esse caráter provisório da dúvida só indica mesmo que ela é metódica e, por isso mesmo, que é produto de uma decisão.

---

42. Descartes, op. cit., Tome II, p. 405.
43. Idem, p. 404.
44. Forlin, *A teoria cartesiana da verdade*. Associação Humanitas, p. 32.

Quanto à característica do sujeito da dúvida, podemos perguntar: por que ele toma a decisão de duvidar? Porque, de acordo com as suas declarações no início da Meditação Primeira, a dúvida tem uma tarefa a cumprir, a saber, ela deve trazer um resultado para o problema que o sujeito apresenta: ela deve trazer ao sujeito inquieto algo de firme e de constante para que as ciências possam disso se beneficiar. Essa função da dúvida é expressa por ele justamente no início da Meditação Primeira: "(...) de modo que me era necessário tentar seriamente, uma vez em minha vida, desfazer-me de todas as opiniões a que até então dera crédito (...)"[45]. É apenas porque o sujeito da dúvida sabe que essa dúvida resultará em alguma coisa que ele toma a decisão de duvidar. Ela não é gratuita, não está em seus planos por uma obra do acaso, como já dissemos acima. Do contrário, teria ele tomado a decisão de duvidar? Teria ele se aplicado com seriedade em duvidar de todas as opiniões? Para que lhe serviria a dúvida? O sujeito da dúvida, portanto, ao tomar a decisão de duvidar, já apresenta uma marca de sua constituição[46], isto é, uma marca do que ele é, a saber, trata-se de um sujeito que tem o poder de planejar as suas atitudes e, nesse sentido, é um sujeito que está de posse de um método, pois este poder de planejar é, na verdade, o caminho daquele que age por razões determinadas, razões que guiam os passos do sujeito da dúvida, mas que são razões dele próprio. Assim, a dúvida à qual o sujeito se aplica está em sua agenda, porque ela tem razão de estar. Que razão? A razão é o fato de que este sujeito se apercebeu de que ele recebera em seu espírito muitas falsas opiniões como verdadeiras. Esta é a razão que o leva a tomar a decisão de se lançar à dúvida com seriedade e com liberdade. Esta é uma marca da sua atitude metódica, decisória, racional.

---

45. Descartes, op. cit., Tome II, p. 404.
46. Sobre a influência da dúvida na constituição do *cogito* consultar o livro de Enéias Forlin: *O papel da dúvida metafísica no processo de constituição do cogito* (2004).

Então, de um lado temos a dúvida que, na verdade, é parte de uma agenda e justamente por ser uma agenda (de tarefas) a dúvida é um plano, uma tarefa que se faz tarefa a partir de uma decisão do espírito do sujeito da dúvida. Por outro lado, temos o espírito do sujeito da dúvida que toma a decisão de duvidar porque essa dúvida tem uma função a cumprir: ela deve trazer aquilo que é, por decisão do espírito, firme e constante, pois esta firmeza e esta consistência são 2 coisas de que as ciências precisam, segundo as intenções desse sujeito da dúvida. Portanto, se é isso, neste espírito estão presentes, como elementos formadores dele mesmo, a liberdade e a vontade, pois elas foram essenciais nessa decisão, no sentido próprio da palavra essência. Nesse sentido, se a liberdade e a vontade estão presentes no momento em que o espírito toma a decisão de duvidar, estará aí alguma questão reveladora que muda a ontologia do sujeito da dúvida? Não queremos ir tão longe. De qualquer maneira, o que, em termos práticos, essa decisão significa no que diz respeito ao sujeito da dúvida? Esta decisão é apenas uma decisão de um sujeito da dúvida ou, ao tomar essa decisão ele se torna algo mais que um mero sujeito da dúvida? Vejamos com um pouco mais de calma esse momento, antes de passarmos adiante. Eis, portanto, as características do sujeito: liberdade, poder de decisão e poder de conceber alguma coisa. Para que isso seja melhor esclarecido, recolocaremos o problema.

Primeiramente, recoloquemos a questão acima: a decisão tomada pelo sujeito da dúvida muda o seu caráter de sujeito da dúvida, revelando-o como algo mais, ou ele permanece apenas como o sujeito da dúvida? Pelos elementos que estão envolvidos nessa decisão, esta tem um alcance bem complicado para um simples sujeito da dúvida. Um simples sujeito da dúvida não poderia ter tomado tal decisão, na medida em que, enquanto um sujeito da dúvida, ele ainda não teria a dimensão do que a decisão envolveu. Então, sua decisão seria mais simples, talvez ele decidisse duvidar das opiniões, mas sua decisão não envolveria aí uma agenda de tarefas, o que não teríamos, talvez, uma liberdade e uma vontade, na medida em que tanto uma, quanto outra, são elementos formadores de um espírito. Acontece que essa decisão simples não ocorreu e, ao invés dela, uma bem complexa se deu, e por isso somos constrangidos a dizer o que está envolvido nessa decisão complexa. Mas, mesmo antes de dizermos o que está envolvido nessa decisão, já podemos afirmar que o caráter do sujeito muda com tal decisão. Por quê?

Porque nos parece que pela maneira como o sujeito da dúvida toma decisão de duvidar das opiniões, ela envolve uma teoria do erro, na qual Descartes mostra como ocorre o erro e, por conseguinte, como é possível acertarmos. Isso envolve a questão da liberdade, na medida em que o erro ou o acerto passam por ela, como mostra Descartes ao fazer essa teoria, a qual ele expressa da seguinte maneira na Meditação Quarta:

> e, em seguida, olhando de mais perto e considerando quais são meus erros (que apenas testemunham haver imperfeição em mim), descubro que dependem do concurso de duas causas, a saber, do poder de conhecer que existe em mim e do poder de escolher, ou seja, meu livre arbítrio; isto é, de meu entendimento e conjuntamente de minha vontade (...).[47]

Aqui está o momento em que Descartes define como pode ou não ocorrer o erro. Como está bem definido por Descartes qualquer decisão do espírito deve passar pela escolha e pelo poder de conhecer. A escolha diz respeito à vontade e o poder de conhecer diz respeito ao entendimento. É o concurso desses 2 poderes que resulta numa escolha certa, segundo Des-

---

47. Descartes, op. cit., Tome II, p. 459.

cartes (cf. Meditação Quarta)[48]. Acontece que nem a vontade pode fazer mais do que o entendimento, e nem este mais do que a vontade, apesar de Lívio Teixeira dizer que "tanto ou mais que uma conquista da inteligência, a clareza das ideias é uma vitória das ideias"[49], pois apenas o entendimento não dá ao espírito um conhecimento certo, nem também apenas com a vontade não pode haver conhecimento, na medida em que esta somente tem o poder de decisão e, aquele, o poder de conceber, como acentua resolutamente Descartes na Meditação Quarta. Além disso, tem uma coisa para a qual Descartes chama atenção: a vontade é bem mais extensa do que o espírito[50] e, quando esta vai além do poder do entendimento, então parece que aí, neste caso, a decisão não será verdadeira, na medida em que o entendimento não teve uma participação correta. Pois, é necessário que o entendimento conceba alguma coisa para que a vontade possa tomar uma decisão com base no que o entendimento concebeu[51]. Quando essa decisão é fruto desse concurso entre vontade e entendimento, parece que aí não ocorre o erro. Nesse caso, o erro ocorre justa-

---

48. Escolha certa, isto é, chegar à uma ideia clara e distinta. Nesse sentido, Lívio Teixeira parece corroborar nossa afirmação ao dizer que "... é inegável que para Descartes as regras do método supõem, exigem um esforço constante da vontade, sem a qual a inteligência não conseguiria vencer o mundo de imaginações, de preconceitos, de ideias confusas que constituem a atmosfera em que vive não só o homem inculto ou iletrado — e isso seria bem desculpável — mas também até os que, chamando-se filósofos, não conseguem sobrepor-se ao plano da erudição confusa, por não terem a força de caráter necessária para vencer os hábitos inveterados de pensar desordenada e dispersivamente, nem para vencer o respeito à tradição e à autoridade. Tanto ou mais que uma conquista da inteligência, a clareza das ideias é uma vitória da vontade" (Teixeira, L., 1990, p. 31). Então estamos dizendo que a vontade tem um papel importante no método, na medida em que ela concorre com a inteligência para a busca da verdade.
49. Teixeira, *Ensaio sobre a Moral de Descartes*, p. 31.
50. Cf. Méditation Quatrième.
51. Cf. Méditation Quatrième.

mente quando temos ou uma decisão sem base em concepção do entendimento ou uma concepção sem o apoio da decisão da vontade. Esse desencontro entre vontade e entendimento parece indicar que não faz sentido a ação da vontade sem a do entendimento e nem a ação deste sem a da vontade. Ora, como é notório, esse concurso entre a vontade e entendimento é delineado apenas na Meditação Quarta[52], mas o que está em

---

52. Sim, delineada principalmente na Meditação Quarta, mas exposta também em outros textos. Por exemplo, nas *Regulae* ele mostra várias vezes a importância da vontade para o método. Assim, na Regra I Descartes diz: "... ele deve pensar somente em aumentar a luz natural da razão, não para resolver esta ou aquela dificuldade de escola, mas para que, em cada circunstância da sua vida, seu entendimento mostre à sua *vontade o que é preciso escolher* [GN] ...". Aqui fica muito clara a importância da vontade para a busca da verdade. Na Regra III, ele faz a seguinte afirmação: "... por *intuição* entendo não a confiança instável dada pelos sentidos ou o juízo enganador de uma imaginação com más construções, mas o conceito que a inteligência pura e *atenta* [GN] forma com tanta facilidade e clareza que não fica absolutamente nenhuma dúvida sobre o que compreendemos ...". Aqui Descartes não usa a palavra *vontade*, mas sim a palavra *atenta* que é, na verdade, um elemento da própria vontade, pois ficar atento diz respeito a um esforço que somente a vontade realiza. Portanto, o pensamento aqui nesta regra não se encontra, mas ele é acrescido à vontade, como condição de seu próprio sucesso. Na Regra VII, também Descartes é enfático ao mostrar a importância da vontade na busca da verdade: "para o acabamento da ciência, é preciso passar em revista, uma por uma, todas as coisas que se relacionam com a nossa meta por um movimento de *pensamento contínuo* [GN] e *sem interrupção* [GN], e é preciso abarcá-la numa enumeração suficiente e metódica". Mais adiante, nesta mesma Regra, ele diz: "... é por isso que dizemos que se deve remediar a fraqueza da memória com uma espécie de *movimento contínuo* [GN] do pensamento (...)". Também aqui há um elemento de esforço que vem em auxílio do pensamento e, como vimos, o esforço só pode mesmo dizer respeito à vontade. Esse elemento é justamente o *movimento contínuo* que está associado ao pensamento como uma espécie de solução na medida em que somente a memória, como ele deixa claro nesta Regra, não é capaz de ajudar completamente o pensamento. Mas, além disso, Lívio Teixeira mostra ricamente a importância da vontade no método, em seu "*Ensaio sobre a moral de Descartes*".

jogo são 2 elementos que constituíram o *cogito* à certa altura da Meditação Segunda. E quanto ao sujeito da dúvida, é possível dizer que ele já possui tais elementos, isto é, a liberdade ou, se se preferir, o entendimento e a vontade? Claro que sim, pois, até aqui, o sujeito da dúvida só nos mostrou que ele já está investido desses 2 poderes que possibilitam o *cogito*, facilitando, assim, o advento do *cogito*. Ou seja, a linearidade do movimento das Meditações que, em primeiro lugar, mostraria um sujeito da dúvida sem o *cogito* e, em seguida, com o *cogito* sem ser sujeito da dúvida, não é assim tão rigorosa, porquanto vemos que o *cogito* já é representado pelo sujeito da dúvida, justamente no fragmento inicial do parágrafo 1 da Meditação Primeira, nas condições que defendemos.

Concluamos acerca desta terceira dedução. Vimos acima que quando o sujeito toma a decisão de duvidar das opiniões, ele faz isso de uma maneira tão significante que é necessário repetir a frase que já citamos mais de uma vez:

> agora, pois, que meu espírito está livre de todos os cuidados, e que consegui um repouso assegurado numa pacífica solidão, aplicar-me-ei seriamente e com liberdade em destruir em geral todas as minhas antigas opiniões (...).[53]

Não há dúvida que há aqui, como dissemos acima, uma decisão. Também as palavras do sujeito da dúvida neste momento são bastante elucidativas em relação à nossa proposição: ele se propõe a cumprir o ato de "destruir" que, na verdade, é o ato de duvidar. Como vimos, trata-se de uma decisão que tem como função trazer um resultado para o sujeito da dúvida que, por sua vez, rejeita as opiniões e deseja dar às ciências algo de firme e de constante. Mas esse desejo ou, o que é melhor, esse projeto é, como vimos, resultado de um

---

53. Descartes, op. cit., Tome II, p. 405.

ato do espírito que tomou cuidados e, como diria Lívio Teixeira, esforçou para que não se precipitasse: as opiniões que faziam parte da vida desse sujeito foram concebidas, isto é, foram consideradas como falsas, embora elas sempre se apresentaram a ele como verdadeiras. Isso é o mesmo que dizer: o sujeito concebeu as opiniões suficientemente como opiniões falsas[54]. E ele diz, realmente, que essas opiniões estavam na região de domínio do espírito. Portanto, trata-se de uma ati-

---

54. Esclarecemos, mais uma vez, que apenas ao final da Meditação Primeira as opiniões serão rejeitadas como falsas, mas essa falsidade já é prevista logo nas primeiras palavras do sujeito da dúvida. Pois, já dissemos que esse princípio que o sujeito da dúvida expõe logo nesse início, ganha um caráter mais radical e, por isso, o seu enunciado precisa se modificar para se adequar ao *estado de dúvida*, como diz Enéias, e, por isso mesmo, a dúvida se torna extremamente generalizada. O princípio hiperbólico radicalizado é este: "... eis por que penso que me utilizarei delas mais prudentemente se empregar todos os meus cuidados em enganar-me a mim mesmo, fingindo que todos esses pensamentos são falsos e imaginários ..." (Descartes, op. cit., Tome II, p. 411). Por que o sujeito da dúvida diz isso? Pela terceira vez devemos dizer que é porque aquilo que no início era apenas uma hipótese, a saber, a dubitabilidade das opiniões, agora já não é mais, pois as etapas alcançadas até essa altura da Meditação Primeira, por ele provaram que as opiniões são mesmo passivas de dúvidas. Portanto, o maior problema, mesmo no fim da Meditação Primeira, ainda é a dubiedade das opiniões. Nesse caso, já que agora a dúvida das opiniões é confirmada, então o sujeito da dúvida passa a radicalizar o princípio de rejeição das opiniões: se no início para que ele pudesse rejeitar era preciso que as opiniões se apresentassem como passivas de dúvidas, pois ele ainda não tinha certeza desse caráter duvidoso de tais opiniões, então agora, uma vez confirmado esse caráter, ele precisa radicalizar esse mesmo princípio, o que faz elevando o duvidoso ao patamar do falso, não que o duvidoso seja igual ao falso, mas porque, não tendo o duvidoso qualquer serventia para o projeto do sujeito da dúvida, ele é tão rejeitável, quanto o falso. Assim, falso e duvidoso não são iguais em essência, mas são, em termos de serventia à verdade, igualmente rejeitáveis, pois nenhum e nem outro podem levar à verdade. Nesse sentido, se a primeira formulação desse princípio da dúvida hiperbólica tinha como problema principal a dubiedade das opiniões, nesta segunda formulação o problema é o mesmo.

tude do espírito no sentido de reação diante dessas opiniões, pois, por um lado, as opiniões vêm ao espírito, mas, por outro, esse espírito reage e as concebe como falsas. Então, que decisão é essa desse sujeito que concebe as opiniões como falsas? É uma decisão que revela a reação de um espírito, reação que pode ser traduzida por uma *atitude investigativa* em relação às opiniões, atitude que só foi possível graças ao concurso justamente daquilo que está prescrito na teoria do erro: o concurso do entendimento e da vontade. É da ação conjunta entre o entendimento e a vontade que o sujeito da dúvida toma a decisão de duvidar de suas antigas opiniões.

Ora, se esse sujeito teve essa atitude bem no início do segundo parágrafo da Meditação Primeira, e se, como vimos, essa atitude já havia sido enunciada por ele naquele fragmento inicial do parágrafo 1, quem é esse sujeito? Somos constrangidos a dizer que temos aí a presença de um sujeito em condições de precipitar o *cogito*, justamente porque, nesse momento, ele já manifesta todos os pré-requisitos do método, embora todos esses pré-requisitos sejam apenas demonstrados nas Meditações Segunda, Terceira e Quarta. Na Segunda, a sua essência o *cogito*; na Terceira, a garantia dessa essência; e, na Quarta, a teoria do erro. Acontece que acabamos de mostrar que ele teve uma atitude que o inscreve na teoria do erro, o que significa que esse sujeito é o mesmo da Meditação Quarta, que passa pelo mecanismo do erro. E, como estamos vendo paulatinamente esse percurso da dúvida, todas essas etapas não impedem de dizermos que o sujeito da dúvida é, na verdade, o sujeito do *cogito*.

Portanto, todas essas Meditações retroagem à Primeira, fazendo com que tudo o que implica essas Meditações também retroaja à Meditação Primeira. Assim, no afã de aprofundar o seu conceito de dúvida metódica, o sujeito já nos deu o terceiro sinal de que as Meditações Segunda, Terceira e Quarta retroagem à Meditação Primeira, como se todas essas Meditações fossem uma e mesma Meditação. Porquanto somos constrangidos a dizer que tanto a existência, quanto a essência, se encontram nessa Meditação Primeira, mas isso mesmo nos informa que toda a operação da Meditação Primeira, pelo menos até o trecho em análise, pressupõe Deus como prova de todas as operações do sujeito da dúvida.

Ora, é impossível, pelo que estamos lendo e mostrando, existir a essência e a existência no sujeito da dúvida, sem que cometamos aí um erro técnico, sem que para isso exista um Deus não enganador; pois, tanto a essência, quanto a existência, *indigere*, pressupõem Deus como autor e princípio de tudo isso. E como mostrar que o sujeito da dúvida já poderia, de início, precipitar o *cogito* se não se admite que seja inevitável que para existir o momento do *cogito* é necessário anteriormente um Deus não enganador? É impossível pensar num sujeito da dúvida com o *cogito* na mente se não pensamos que é necessário anteriormente um Deus agindo para dar-lhe tanto a essência, quanto à existência. Mesmo porque em Descartes, como sabemos, a essência precede a existência, pois se *penso, logo existo*, então eu existo somente porque penso, e o *pensar* é justamente a essência do sujeito da dúvida, por tudo o que lemos no início dessa Meditação Primeira. Afinal, como ele poderia ter duvidado, ter investigado os princípios nos quais estão fundamentadas as opiniões, como ele poderia ter suspendido o seu juízo, se para isso ele não tivesse como essência o pensamento? Ora, suspender o juízo não é suspender o pensamento, mas é, por outro lado, um ato de pensamento, essência do sujeito da dúvida dada pela substância divina.

5. Quarta dedução: a retroação da segunda parte do Discurso do Método à Meditação Primeira

Se o sujeito da dúvida nos faz ver que opera de acordo com os 2 primeiros preceitos do método, é porque ele realmente não é um simples sujeito da dúvida, mas já é, nesse momento inicial, o sujeito do *cogito*, como estamos vendo desde o início de nossa investigação. No entanto, devemos perguntar: de que maneira ele lança mão desses 2 preceitos do método? Citemos novamente apenas o trecho do primeiro parágrafo:

> há já algum tempo eu me apercebi de que, desde meus primeiros anos, recebera muitas falsas opiniões como verdadeiras, e de que aquilo que depois eu fundei em princípios tão mal assegurados não podia ser senão mui duvidoso e incerto; de modo que me era necessário tentar seriamente, uma vez em minha vida, desfazer-me de todas as opiniões a que até então dera crédito, e começar tudo novamente desde os fundamentos, se quisesse estabelecer algo de firme e de constante nas ciências....[55]

Nossa leitura já alcançou todo esse trecho, mas apenas este fragmento é capaz de nos ajudar a manifestar nosso pensamento: "... e de que aquilo que depois eu fundei em princípios tão mal assegurados não podia ser senão mui duvidoso e incerto..."[56]. O sujeito da dúvida diz "muito duvidoso e [muito] incerto", referindo-se aos princípios[57] nos quais, segundo

---

55. Descartes, op. cit., Tome II, p. 404.
56. Descartes, op. cit., Tome III, I, 51, p. 121-122
57. Como já mostramos em uma nota no início de nossa dissertação, Descartes esboça esses princípios nesta frase: "há já algum tempo eu me apercebi de que, desde meus primeiros anos, *recebera* [GN] muitas falsas opiniões como verdadeiras, e de que aquilo que depois eu fundei em princípios

ele, as opiniões estão apoiadas. Em primeiro lugar, nos parece que aí o sujeito da dúvida procede analiticamente, na medida em que ele diz qual é a região de domínio na qual residem as opiniões, e essa região é a dos princípios nos quais elas estão fundadas. Portanto, o sujeito da dúvida faz uma localização dessas opiniões, situando-se em relação elas, ou seja, ele tem bem claro em que essas opiniões estão apoiadas, qual é o seu pretenso porto seguro. Dessa maneira, ao dizer em que as opiniões estão fundamentadas, ele faz, em certo sentido, uma redução do problema, tentando mostrar em que realmente consiste a dificuldade, isto é, qual é realmente o problema enunciado.

Então, se as opiniões não são tão fáceis de resolver pela variedade e pela quantidade, todavia aquilo em que elas se seguram se torna mais fácil, justamente porque esses fundamentos são mais simples e fáceis de enfrentar e, além disso, se eles são resolvidos, todas as opiniões também o serão[58]. Dessa forma, o que conta são, na verdade, esses princípios, na medida em que eles são o fundamento dessas opiniões. Ora, esses princípios são justamente a parte mais simples a qual o sujeito da dúvida chega, depois de proceder a um parcelamento de sua dificuldade[59]. Diante disso, podemos até não sermos cate-

---

tão mal assegurados não podia ser senão muito duvidoso e incerto". Dissemos que o que nos faz dizer que aqui estão esboçados esses princípios é o verbo *receber*, pois ele mostra que o sujeito da dúvida refere-se aos sentidos, mas como o sujeito as *recebe* como *falsas*, então isso significa que ele já operou um juízo. Então, os princípios nos quais as opiniões estão apoiadas são justamente os nossos juízos, mas, é claro, como mostra Enéias, apenas na medida em que as tomamos de uma forma ou de outra.

58. "...visto que a ruína dos alicerces carrega necessariamente consigo todo o resto do edifício, dedicar-me-ei inicialmente aos princípios sobre os quais as opiniões estão apoiadas". Como diz Enéias Forlin (2004, p. 21), Descartes resolve um problema de ordem prática, ao mostrar o caminho por onde o ataque às opiniões realmente se dá. Trata-se de fato de ir aos princípios nos quais as opiniões estão apoiadas, como já tentamos deixar claro.

59. Esta é uma questão que será explicada mais adiante.

góricos, mas somos constrangidos a dizer que estamos diante de um sujeito que explicitamente lança mão do segundo preceito do método, que se encontra resumido na segunda parte do Discurso do Método. Pois, como vimos, ele submete a sua dificuldade a uma divisão, parcelando-a, e reduzindo, dessa forma, toda a sua desconfiança aos princípios fundamentadores dessas opiniões. É dessa maneira que o sujeito da dúvida se inscreve no segundo preceito do Discurso do Método, mas ao lado desse segundo preceito o sujeito da dúvida também se utiliza do primeiro preceito, e é isso que tentaremos mostrar agora. Uma vez encontrado esse porto, por assim dizer, no qual as opiniões estão apoiadas, por meio de uma atuação analítica, o sujeito da dúvida passa a caracterizá-lo, fazendo uma afirmação crucial: esse porto, que são os princípios de fundamentação de tais opiniões, como já acabamos de ver, é duvidoso e incerto.

O que isso significa? Se, como vimos, o problema está realmente no princípio fundamentador das opiniões, então seria preciso ver qual é esse problema que diz respeito a estes princípios. Ora, o sujeito da dúvida deixa isso muito claro, de acordo com o fragmento em análise: "...e de que aquilo que depois eu fundei em princípios tão mal assegurados não podia ser senão mui duvidoso e incerto..."[60]. Qual é o problema desses princípios apontado pelo sujeito da dúvida? Esses princípios, diz o sujeito da dúvida, são "duvidosos" e "incertos". Este problema o leva a declarar a sua decisão de rejeitar as opiniões como duvidosas, mas já sabemos o que realmente será combatido. Então, o que importa mesmo é justamente voltar-se contra esse porto[61], pois ele se mostrou, ao seu pensamento, incerto e duvidoso. O que isso quer dizer em termos práticos? Perceber que as opiniões e, portanto, os seus princípios são falsos é ter diante de si alguma coisa que

---

60. Descartes, op. cit., Tome III, I, 51, p. 121-122.
61. Isto é, princípios, que ainda não dissemos do que se trata.

não se revelou verdadeira no momento em que essas coisas foram, de alguma maneira, tomadas pelo sujeito da dúvida. Se é assim, parece que o sujeito da dúvida passou por um momento em que, tendo diante de si as opiniões, foi levado a dizer que elas são duvidosas, e certamente esse momento começa apenas quando ele se torna *sujeito da dúvida*. Ou seja, estamos novamente nos referindo à decisão que o sujeito da dúvida tomou em relação à sua conceituação da dúvida como dúvida metódica. Assim, essa decisão só pode ser resultado de uma inspeção do seu espírito, mas justamente como parte dessa inspeção, veio a decisão de não ter mais as opiniões como verdadeiras, e sim, como falsas.

Ou, dizendo de outro modo, o sujeito da dúvida lança mão do primeiro preceito do método, que se encontra na segunda parte do Discurso do Método, o qual manda acolher como duvidoso aquilo que se apresentar com dúvidas. Como as opiniões e, portanto, os seus princípios se apresentaram ao sujeito da dúvida como duvidosos, ele atendeu ao pedido do primeiro preceito, rejeitando tudo isso como duvidoso[62]. É esse o papel que o sujeito da dúvida cumpre nesse fragmento que estamos tentando explicar. Por aqui é que se estabelece a relação direta entre o sujeito da dúvida e os 2 primeiros preceitos do método, tal como estão formulado no Discurso do Método. Porque, como vimos, o primeiro preceito manda que só se deve acolher como verdadeiro aquilo que se me aparecer como claro e distinto. O que diz o segundo? Diz que é necessária a análise do problema no qual estamos envolvidos. Ora, em relação ao primeiro preceito, o sujeito da dúvida está inscrito na medida em que segue exatamente a recomendação: ele conclui pela incerteza e dubitabilidade dos princípios fundamentadores das opiniões e, claro, tudo isso

---

62. *Duvidoso* apenas, pois ainda estamos no início da Meditação Primeira, porque no final dessa Meditação esses princípios das opiniões serão rejeitados como *falsos*.

será requisito para que tais princípios sejam rejeitados. Em relação ao segundo preceito, também o sujeito da dúvida não deixa dúvida: ele o segue, porque ao situar as opiniõe sem tais princípios e, claro, restringindo o problema da falsidade a tais princípios, ele opera uma análise do problema em questão, isto é, ele encaminha a dificuldade de decidir o que é falso para aquilo que é mais simples na hierarquia das coisas em questão, decidindo, dessa forma, mais pela falsidade desses princípios e menos pela falsidade das próprias opiniões[63]. Pois, estas, em relação àqueles, são mais difíceis de serem resolvidas, na medida em que não são poucas as opiniões, mas são em grande quantidade e variedade.

Diante desses 2 flagrantes, não podemos deixar de concluir pela presença do *cogito* na mente do sujeito da dúvida por uma questão metodológica do filósofo, e justamente já a partir das primeiras palavras desse momento inaugural das Meditações. Isto é, aqui o *cogito* é um fato inegável, pois este fato existe na medida em que o sujeito da dúvida procura, localiza, duvida, decide, faz uma segregação entre as opiniões e os princípios nos quais essas opiniões estão apoiadas. Todas essas atividades do sujeito da dúvida, nesse fragmento inicial do parágrafo 1 da Meditação Primeira, nas quais ele emprega os 2 primeiros preceitos do Discurso do Método, configuram um fato que demonstra parcialmente, pelo menos, a existência do *cogito* na mente do sujeito da dúvida, logo no início do processo.

Enéias Forlin também se refere à aplicação do segundo preceito do método na operação da dúvida:

> (...) assim, podemos interpretar a ordem aqui exposta como que já uma espécie de aplicação do segundo preceito do método cartesiano (...). Este, sabemos, é o

---

63. Já mostramos em nota precedente que o ataque às opiniões se dá pelos sentidos.

preceito da análise, que leva do composto ao simples. Ora, o que é a operação da dúvida senão uma análise que irá decompor as representações em seus elementos absolutamente simples e gerais? Ou ainda, o que é a operação da dúvida senão a desconstrução do edifício do conhecimento antes de seu restabelecimento sobre bases absolutamente seguras?[64]

Nós dizemos que o sujeito da dúvida aplica o segundo preceito, mas também pensamos que o primeiro preceito é aplicado, pelas razões que expusemos acima. Então, diferentemente de Enéias Forlin, entendemos que nesse momento o sujeito da dúvida procede analiticamente, bem como faz a operação da clareza e distinção, porque ele procura evitar a *prevenção*, mesmo que isso aconteça um pouco implícito. Pois, a rejeição como duvidoso é o caminho encontrado pelo sujeito da dúvida para evitar um juízo mal formulado. Portanto, uma atitude assim recai sobre a rejeição do que se apresentou inicialmente como verdadeiro e, como vimos, o passo seguinte é a análise do problema. Estas 2 atitudes, que envolvem o primeiro e o segundo preceitos do método, estão realmente muito claras no fragmento que ainda estamos lendo.

6. Quinta dedução: o sujeito da dúvida é partícipe da Regra Geral

O fato de o sujeito da dúvida inscrever-se no Discurso do Método porque utiliza diretamente o primeiro e o segundo preceitos desse mesmo Discurso o torna também um partícipe da regra geral que Descartes estabelece logo no início da Meditação Terceira:

---

64. Forlin, op.cit., p. 22.

> (...) e, portanto, parece-me que já posso estabelecer como regra geral que todas as coisas que concebemos muito clara e muito distintamente são todas verdadeiras (...).[65]

Qual a relação dessa regra com o primeiro preceito do Discurso do Método? O preceito faz uma exigência, a saber, que o conhecimento de alguma coisa não deve se dar antes que todas as providências sejam tomadas para que ele seja um conhecimento verdadeiro ou um conhecimento que mostre verdadeiramente o que é a coisa. Isso implica em evitar estratégias que não garantem a verdade das coisas concebidas, isto é, aquelas estratégias que apenas revelam uma falsa aparência das coisas. Isso quer dizer que o preceito faz uma petição de essência da coisa, isto é, ele exige que a essência da coisa seja revelada para que a sua ideia seja tomada como verdadeira.

Aí está o sentido do preceito: uma petição de essência da coisa, mas apenas uma petição e não uma resolução dessa essência. Ora, o que é a regra geral, senão uma resposta à essa petição, na medida em que essa regra é estabelecida quando o sujeito pode atender à todas as exigências do preceito? Isto é, justamente porque o sujeito conseguiu intuir a existência da essência, e também porque essa intuição não deixa qualquer dúvida, sendo mesmo clara e distinta, pelo fato de que ela revela o dado completo da coisa, ou seja, revela a essência do existente, que é o pensamento, sem o qual nada se poderia afirmar, nem que existe e nem que não existe, isto é, sem o qual o *Eu* não se sustentaria como existente, é que essa regra é a resposta à petição de essência daquela coisa que ora se faz um problema presente no percurso da dúvida que estamos analisando. É por isso que essa regra geral possui uma relação direta com o primeiro preceito do Discurso do Método. Por conseguinte, com o sujeito da dúvida, porque este sujei-

---
65. Descartes, op.cit., Tome II, p. 431.

to revelou-se um partícipe desse primeiro preceito. Portanto, temos um *cogito*, na medida em que temos a essência da existência, isto é, temos a essência da coisa: a coisa é a coisa que existe, isto é, o sujeito da dúvida, e a sua essência é tudo aquilo que o faz operar essa dúvida, operação que se confunde com o primeiro preceito do Discurso do Método e com a regra geral, a saber, é o poder de conceber, é o pensamento, com tudo o que lhe cabe, a sua vontade, a sua liberdade, etc. Numa palavra, temos um espírito e por este espírito atua o sujeito da dúvida. Eis mais uma surpresa vinda do sujeito da dúvida a fazer parte de nossa obra. Isso nos faz pensar que talvez exista neste sujeito da dúvida uma inseparabilidade entre essência e existência, mas isso precisa ser explicado.

7. Sexta dedução: a inseparabilidade entre essência e existência

"substantiam sive rem quae per se apta est existere"
(Meditação Terceira)

Tentamos mostrar acima que o sujeito da dúvida se justifica em parte pela sua existência e, em parte, pela sua essência. Agora precisamos mostrar que essa existência e essa essência são inseparáveis. O texto cartesiano permite pensar essa inseparabilidade entre essência e existência logo no início do primeiro parágrafo da Meditação que estamos lendo, isto é, aquele fragmento inicial do qual nos ocupamos desde o início de nosso trabalho até aqui contém essa inseparabilidade? Se inicialmente "achamos" que existe essa inseparabilidade, então devemos também "achar" que há uma essência para a existência da qual falamos acima, isto é, o sujeito da dúvida, se ele realmente existe, nas condições que indicamos acima, ele só pode é realmente ter uma essência. Todavia, é preciso que nos perguntemos: em que consiste precisamente essa essência? Dissemos no início deste capítulo que o sujeito da dúvida nos faz ver que a sua existência é um fato inegável por sua atuação em relação ao problema que ele coloca: ele conceitua a dúvida como dúvida metódica, e vimos que para essa conceituação 2 propriedades são pré-requisitos, a saber, o poder de conceber e a vontade, isto é, o poder de escolha ou de decisão. Essa atuação do sujeito da dúvida na conceituação da dúvida como dúvida metódica nos levou a entender que ele se inscreve nas Meditações Segunda, Terceira e Quarta, bem como na Segunda Parte do Discurso do Método. Assim, o sujeito da dúvida da Meditação Primeira é, essencialmente, o mesmo sujeito do *cogito* da Meditação Segunda, pois é nesta Meditação que o sujeito dita o *cogito* como uma essência para o conceber, poder que se realiza essencialmente pelo pensamento, porque esta é a essência do ato de conceber. Portanto, é só na essência do *Eu* que o ato do conceber se realiza, e foi isso que o sujeito da dúvida provou ao praticar o ato do conceber a dúvida como dúvida metódica e, consequentemente, os princípios fundamentadores das opiniões como falsos ou duvidosos.

E da mesma maneira, também as Meditações Segunda, Terceira, Quarta, e a Segunda parte do discurso do Método por sua vez, provam o sujeito da dúvida como um ser, cuja essência é o pensamento, na medida em que todas as operações envolvidas em todos esses lugares têm como pré-requisito o pensamento como essência da atividade do ato de conceber e, por isso mesmo, do sujeito da dúvida, na medida em que este sujeito se realiza no *cogito*. Isto é, se por um lado a atuação intelectual do sujeito da dúvida o inscreve nas Meditações Segunda, Terceira, Quarta, e Quarta parte do Discurso do Método, o contrário é verdadeiro: todos esses textos fazem do sujeito da dúvida um ser em essência e existência. Ora, também tivemos a ocasião de ver que o sujeito da dúvida é um ser que nunca atuou antes da existência de Deus, mas sua atuação só foi possível porque ela já era possibilitada justamente pela divindade. Pois, a sua ligação à Meditação Terceira nos revelou exatamente isso: o fato de o sujeito ter duvidado ou reconhecido que era alguma coisa que tinha de si uma ideia imperfeita e por isso mesmo deveria existir necessariamente outro ser mais perfeito, que por sua vez é a sua causa. Aliás, ele só duvidava por conta dessa ideia mais perfeita[66]. Por conseguinte, ele só pensava por conta dessa ideia mais perfeita[67]. Por isso, se esse ato do *pensar* é a *essência* do ato do *conceber* essa essência se deve à ideia mais perfeita, porquanto esta ideia é a causa dessa ideia menos perfeita, que é a ideia de mim mesmo, isto é, o pensamento do *sujeito da dúvida*. Portanto, essa essência é a essência do sujeito, cuja marca profunda é originalmente registrada como *cogito*, causada pela substância divina.

Destarte, se a essência aí está assegurada já no momento da atuação do sujeito da dúvida, então mais ainda a existência está, na medida em que o sujeito da dúvida primeiro pensa, para depois existir, embora tudo isso aconteça conjuntamente, no mesmo momento. Nesse caso, a separação entre essência e existência se dá apenas para efeito de estudo, pois, de outro modo, não há mesmo como separar a essência da existência, mesmo que a essência seja anunciada um *meio segundo* antes da existência[68]. É preciso assinalar que quem essencialmen-

---

66. Descartes, op. cit., Tome II, p. 450.
67. Isso se prova não apenas pelo fato de o sujeito da dúvida ser uma substância finita e, portanto, ter recebido o seu ser pela substância infinita, mas ainda pela criação continuada: "... e assim do fato de ter sido um pouco antes não se segue que eu deva ser atualmente, a não ser que neste momento alguma causa me produza e me crie, por assim dizer, isto é, me conserve" (Ibidem).
68. *"eu sou, eu existo"* (Meditação Segunda). Essas duas coisas são, de fato, inseparáveis: "... e verifico aqui que o *pensamento* [GN] é um atributo que *me pertence* [GN]; só ele *não pode ser separado de mim* [GN]...)" (Meditação Segunda). Isto é, eu, que sou, só sou se existo como pensamento, pois este é aquilo pelo qual existo e, se não for assim, não há sentido em dizer que existo, pois o canal, por assim dizer, da minha existência é o pensamento. Portanto, só existo se antes de tudo sou um pensamento. Isto é, a essência, *pensamento*, precede a existência, *eu existo*. Sendo assim, não faz sentido dizer que exis-

te existe por conta da ideia mais perfeita é o próprio sujeito da dúvida. Em primeiro lugar, na condição de fato, mas em segundo lugar, na condição de direito. Numa palavra, é impossível separar a essência da existência, mas essa inseparabilidade já acontece com o sujeito da dúvida, mesmo porque, do contrário, seria impossível entendê-lo como tal.

Para tal inseparabilidade, temos um testemunho da Meditação Segunda, quando Descartes diz que "... e verifico aqui que o pensamento é um atributo que me pertence, só ele não pode ser separado de mim"[69]. Ora, em nosso entender isso tem uma consequência. Se essa inseparabilidade existe já com o sujeito da dúvida, como acabamos de ver, parece haver aí uma anterioridade de Deus em relação ao sujeito da dúvida, mas como o *cogito* está no sujeito da dúvida, então essa anterioridade existe em relação a ele mesmo. Essa anterioridade se torna ainda mais clara quando analisamos essa relação entre Deus e o sujeito da dúvida, a partir da análise das substâncias, pois a leitura de alguns textos que tratam da teoria da substância nos mostra exatamente esse mesmo resultado ao qual chegamos aqui. Mesmo porque falar de inseparabilidade entre essência e existência é, sem dúvida, falar de inseparabilidade entre essência e substância, pois a substância é aquilo pelo que as coisas existem. É por meio do estudo da substância que entendemos a existência tanto de Deus, quanto das coisas. Por isso que devemos passar para a segunda parte da nossa obra com a tarefa de expor o nosso estudo das substâncias, e entender um pouco mais a relação entre Deus e o sujeito da dúvida no sistema cartesiano.

Vejamos preliminarmente, todavia, uma questão curiosa acerca da substância que nos mostra uma certa "univocidade", *univoce*, da palavra substância:

---

to, se aí não está assegurado a minha essência, mesmo que essa essência não seja perfeita, como a de Deus.
69. Descartes, op. cit., Tome II, p. 418.

pois, quando penso que a pedra é uma substância, ou uma coisa que é por si apta a existir, em seguida que sou uma substância, embora eu conceba de fato que sou uma coisa pensante e não extensa, e que a pedra, ao contrário, é uma coisa extensa e não pensante, e que, assim, entre essas duas concepções há uma notável diferença, elas parecem, todavia [GN], concordar na medida em que apresentam substâncias...[70]

Univocidade sim, mas mais ainda analogia, diria Jean Marie Beyssade[71]. De fato, se existe aqui uma univocidade, essa existe apenas em relação às coisas criadas, mas não entre Deus e essas coisas. Mas digamos que esse trecho nos coloca diante de uma analogia. Analogia com que? Entre as coisas e aquilo que é a substância suprema, a substância mesma, que é Deus. Descartes em vários textos nos mostra que para que esta analogia que acabamos de ver seja possível, o termo substância precisa ser enfraquecido, pois, do contrário, nada, além de Deus, pode ser uma substância. Portanto, há a anterioridade divina. Por conseguinte, a extrema dependência das coisas criadas, dentre elas o *cogito*, em relação a Deus. Tudo isso precisa ser explicado na segunda parte de nossa investigação.

8. Concluamos acerca dessa precedência divina

Este capítulo foi realizado para analisar esta frase: "e de que aquilo que depois eu fundei em princípios tão mal assegurados não podia ser senão mui duvidoso e incerto"[72]. Tudo que fizemos aqui foi mostrarmos o que está implicado nesse

---

70. Descartes, op. cit., Tome II, p. 443-444.
71. Cf. Beyssade, Jean-Marie, *A teoria cartesiana da substância*, Analytica, Rio de Janeiro, Vol. 2, Nº 2, 1997.
72. Descartes, op. cit., Tome III, I, 51, p. 121-122.

trecho tão fecundo, pois ele se comunica com a Segunda Meditação, com a Terceira, com a Quarta, com os 2 preceitos do Discurso do Método, dentre outros, estabelecendo, dessa forma, uma grande conexão com muitos textos do seu autor. Ora, se entendemos que o sujeito da dúvida, por conta de sua conexão com os textos cartesianos dos quais falamos, já se garante como um ser portador de uma essência e de uma existência, então isso é ainda mais acentuado no caso do sujeito da dúvida portador do *cogito* que, além de receber nitidamente a existência na Meditação Segunda, também se descobre como sendo o próprio sujeito da dúvida da Meditação Primeira, reforçando, assim, a sua existência e a sua essência. Acontece que se isso ocorre, e pelo que mostramos acreditamos que ocorra, então significa que a prova do sujeito da dúvida, que é a própria prova da existência do *cogito*, pressupõe a prova da existência de Deus, mas com a sua devida anterioridade em relação tanto ao *cogito*, quanto ao sujeito da dúvida. Pois, a maior mensagem que ficou para nós até aqui é justamente a precedência divina em relação à toda e qualquer prova. Mas essa precedência nos mostra que o sujeito da dúvida se põe diante da dúvida da mesma maneira como a substancialidade das coisas criadas se faz substância. Expliquemos isso com o trecho que já citamos acima:

> pois, quando penso que a pedra é uma substância, ou uma coisa que é por si apta a existir, em seguida que sou uma substância, embora eu conceba de fato que sou uma coisa pensante e não extensa, e que a pedra, ao contrário, é uma coisa extensa e não pensante, e que, assim, entre essas duas concepções há uma notável diferença, elas parecem, todavia [GN], concordar na medida em que apresentam substâncias...[73]

---

73. Descartes, op. cit., Tome II, p. 443-444.

Ora, tudo isso é um empréstimo que Deus faz às coisas criadas, pois para que seja possível o emprego do termo substância no caso aqui, o termo precisa sofrer um enfraquecimento. Então, nada mais esclarecedor do que isso: o *cogito* é substância apenas se Deus o faz ser, *existere*, e essa substancialidade só acontece porque ele tem aptidão para tal existência. Isso é muito pouco diante do que é a causa pela qual ele é. Esta é a mesma lógica que tentamos mostrar no interior do trecho promissor, "e de que aquilo que depois eu fundei em princípios tão mal assegurados não podia ser senão mui duvidoso e incerto"[74], pois se o sujeito da dúvida quer duvidar, Deus precisa fazê-lo existir e, assim que existir, ele permitirá por meio de sua substancialidade que a sua essência opere a dúvida, isto é, permitirá que ele pense.

Jean-Marie Beyssade, ao abordar a teoria da substância cartesiana em um texto de 1996, no colóquio internacional "Descartes 400 anos", nos mostra uma análise da substância que, pelo menos em nosso entender, leva à anterioridade da substância divina em relação a toda e qualquer coisa criada. Ele diz que

> ...a substancialidade das substâncias criadas é, portanto, pensada a partir da substancialidade divina, da qual ela participa: todas as substâncias assemelham-se segundo seu grau de perfeição, isto é, na medida de sua capacidade, de sua efetiva e eficaz *perseidade*[75].

Essa semelhança entre as substâncias criadas e a substância divina ocorre, segundo Beyssade, por uma analogia e, como ele faz questão de deixar bem claro, está dissipada toda e qualquer tentativa de univocidade, *univoce*, entre Deus e as coisas criadas. Assim, por exemplo, ao abordar a substância

---

74. Descartes, op. cit., Tome III, I, 51, p. 121-122.
75. Beyssade, Jean-Marie, op. cit., p. 35.

nos *Princípios*, Beyssade dá uma ideia do que é a analogia entre as 2 substâncias, ao mostrar que a prova de Deus pressupõe apenas Deus e a prova do cogito e de tudo o mais pressupõe igualmente apenas Deus:

> ...em Deus, esta força, *vim* não é uma aptidão: ela é toda a sua potência, que o faz existir. O *per se* qualifica aqui diretamente a sua própria existência, ele é sinônimo do *a se*, do qual ele toma o lugar por um instante e como que por acaso. Ele designa o que, na causalidade formal, que une em Deus essência e existência, é análoga a uma causa eficiente. Ao contrário, no caso da substância finita, *rem quae per se apta est existere*, não se trata, de maneira nenhuma, de aseidade, nem de eficácia ou potência, em uma aptidão que é simples possibilidade. A pedra ou a alma, tomada sozinha e nela mesma, se deixa produzir e, se Deus a fizer existir, ela existirá ou repousará nela mesma, sem precisar de outra coisa para lhe servir de sujeito imediato e de matéria metafísica...[76]

Parece que para Jean-Marie Beyssade a analogia está longe de indicar qualquer semelhança no sentido forte entre Deus e a substância criada, e isso ele deixa claro em outra passagem[77], ao mostrar que a tentativa de univocidade está descartada. Em nosso entender, de acordo com essa interpretação, o grau de superioridade entre a substância divina e as substâncias criadas é infinitamente grande, e apenas a diferença entre o *per se* da substância divina e o *per se* das substâncias criadas já é suficiente para dar uma noção do que Jean-Marie Beyssade quer dizer. Pois, o *per se* da substância divina, nesta perspectiva, nos mostra, dentre outras coisas, o poder de se conservar, *nullaullius conservatione* [GN] *indigere*, mas o *per se*

---

76. Idem, p. 26.
77. Beyssade, Jean-Marie, op. cit., p. 25-26.

das substâncias criadas não nos mostra senão a aptidão para existir, *rem quae per se apta est existere*. Ora, nesse sentido, o Eu Pensante não ultrapassa a pedra em absolutamente nada, pois a aptidão para existir ela também tem[78] e a simples existência não é mais que um favor, por assim dizer, que a substância divina faz para as substâncias criadas.

Assim, essa interpretação nos faz ver que se nós, em todo percurso no qual acabamos de analisar o sujeito da dúvida, partindo daquele trecho promissor, "e de que aquilo que depois eu fundei em princípios tão mal assegurados não podia ser se não mui duvidoso e incerto"[79], concluímos que há uma nítida anterioridade ou precedência de Deus em relação ao Eu Pensante, aqui essa precedência deve ser mais clara e deve ter uma força ainda maior, na medida em que Jean-MarieBeyssade trata a questão em termos de substância, *substantiae*, mas uma substância, cujo sentido precisa ser atenuado, pois assim as coisas criadas podem receber o nome de substância. Se esse termo não é atenuado, as coisas criadas jamais poderiam ser consideradas substâncias. Essas e outras questões, que dão à substância divina uma superioridade impensável em relação às substâncias criadas, serão discutidas na segunda parte, quando lá deveremos tratar de substância e, talvez, confirmar essa precedência da substância incriada em relação à substância criada.

---

78. Cf. Descartes, op. cit., Tome II, p. 438-439.
79. Descartes, op. cit., Tome III, I, 51, p. 121-122.

Segunda Parte:
Substância Divina

Capítulo 2

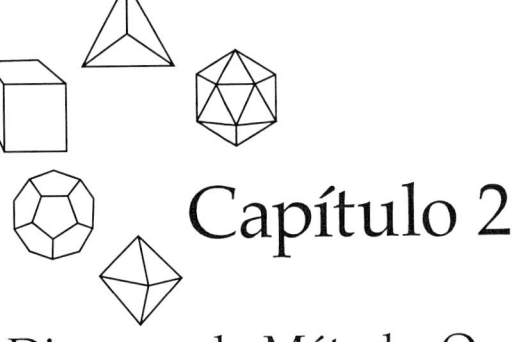

Discurso do Método, Quarta Parte: substância incriada e substâncias criadas — Deus, *cogito* e extensão

1. Em relação ao Eu Pensante: a substância divina e o processo constitutivo do Eu Pensante

Descartes diz o seguinte:

> depois, examinando com atenção o que eu era, e vendo que eu podia supor que não tinha corpo algum e que não havia qualquer mundo, ou qualquer lugar onde eu existisse, mas que nem por isso podia supor que não existia; e que, ao contrário, pelo fato mesmo de eu pensar em duvidar da verdade das outras coisas seguia-se muito evidente e muito certamente que eu existia; ao passo que, se apenas houvesse cessado de pensar, embora tudo o mais que alguma vez imaginara fosse verdadeiro, já não teria qualquer razão de crer que eu tivesse existido; compreendi por aí que eu era uma substância cuja essência ou natureza consiste apenas em pensar, e que, para ser, não necessita de nenhum lugar, nem depende de qualquer coisa material (...).[80]

---

80. Descartes, op. cit., Tome I, p. 602-603.

Parece importante fazermos aqui 3 perguntas, pois elas nos ajudarão a compreender este trecho do Discurso do Método.

Primeira questão: o que o *"eu penso, logo existo"* garante em termos de existência da substância pensante? Ao pronunciar esta frase, *"eu penso, logo existo"*, ganho instantânea e mediatamente uma consciência, a saber, a consciência de que eu existo, isto é, pelo *"eu penso"*, acabo de descobrir que "existo". Todavia, daí não se segue que eu me dou a minha existência, mas apenas segue-se que eu agora sei que existo; e existir nestas condições é apenas tomar ciência do que já vinha acontecendo antes do processo de dúvida e, pois, antes do *"eu penso, logo existo"*, mas não um acontecimento ainda por ser instaurado pelo processo de dúvida sem, todavia, prejudicar a ordem das razões. Então, o *"eu penso, logo existo"*, que resulta do processo de dúvida, só me diz que existo já há bastante tempo. Qual o papel do processo da dúvida, senão o de conscientizar-me? Algo como "veja, você existe e uma amostra que eu posso dar-lhe dessa existência é o fato de você ter duvidado" que, por sua vez finaliza-se com o *"eu penso, logo existo"*.

Neste caso, resta que a necessidade que há entre o *"eu penso, logo existo"* e a minha constituição como ser pensante é pura ilusão, pois não existe essa necessidade pelos motivos que acabamos de apresentar. Porque, *"eu penso, logo existo"*, apenas me dá a ciência de que eu existo, mas não me constitui como tal, isto é, não me torna este ser pensante. Isto porque para que me constituísse como ser pensante, necessitaria a) me dar o pensamento, isto é, tornar-me uma substância; ele também necessitaria; b) fazer-me existir enquanto ser pensante, pois seria impossível dar-me o ser pensante sem me fazer existir; e, mais ainda, c) necessitaria me possibilitar o processo pelo qual eu duvidei de tudo. Ora, nada disso o *"eu penso, logo existo"* me dá, o que é suficiente para sabermos que, por essas razões, ele não me constitui como ser pensante. Pois, entendemos que a constituição da substância pensante ocorre se aquele que a constitui pode lhe dar o seu ser, a sua existência e o processo de dúvida.

> pois, como seria possível que eu pudesse conhecer que duvido e que desejo, isto é, que me falta algo e que não sou inteiramente perfeito, se nãotivesse em mim nenhuma ideia de um ser mais perfeito que o meu ...?[81]

Ora, o *"eu penso, logo existo"*, não pode fornecer nada disso. Por conseguinte, ele não pode me constituir. Mas, se ele não pode me constituir, de que forma eu sou uma substância? Cabe aqui uma segunda questão.

Segunda questão: de que maneira eu sou substância?

> Compreendi por aí que eu era uma substância cuja essência ou natureza consiste apenas em pensar, e que, para ser, não necessita de nenhum lugar, nem depende de qualquer coisa material.[82]

Aqui o sentido de substância é empregado em relação a um fato, a saber, o fato de que aminha existência da qual eu passei a ter consciência é uma existência que acontece independente de qualquer corpo material e de qualquer espaço. Mas, não apenas isso. Ocorre que também existe independente de qualquer fato: portanto, independente do processo de dúvida, pois esse processo é um fato, um episódio, um acontecimento. Neste caso, a única necessidade que eu encontro no *"eu penso, logo existo"* é que se "eu penso", quando, justamente, duvido da existência de tudo, "logo existo" independente de tudo isso que no momento é objeto de minha dúvida que, por sua vez, é dito aqui em termos do espaço e dos corpos, como também em termos de fato ou episódio. Então, essa substân-

---

81. Descartes, op. cit., Tome II, p. 445-446.
82. Descartes, op. cit., Tome I, p. 602-603.

cia existe independente apenas dos corpos. E, como ao dizer, *"penso, logo existo"*, eu não estou afirmando por qual meio eu existo, isto é, não mostro aí a minha origem, mas apenas que eu existo, então, necessariamente, segue-se que eu também ainda não sei como eu me tornei substância, mas apenas em que situação eu me descobri substância. Pois eu saberei como tornei-me substância quando, ao mesmo tempo, eu soubera origem do meu ser.

Logo, ser substância, aqui neste contexto, significa: apenas eu sei que sou substância, porque eu posso pensar independente de qualquer coisa, do mesmo modo como apenas eu sei que existo porque penso. Então, como pensar implica em existir, e existir aqui é existir independente daquilo que poderia me cercar materialmente, posso intuir, sem a devida certeza, que sou uma substância. Mas, neste contexto intelectual contínuo, é preciso repetir, sem saber qual é a minha essência.

Pois bem, conscientizei-me até aqui de 2 coisas, a saber, da minha existência, que independe de qualquer coisa material e, por isso mesmo, passo também saber que sou uma substância. Isto é, eu não me tornei substância, mas descobri que sou uma substância. Acontece que se sou uma substância, devo procurar saber qual é a minha essência, isto é, o que eu, como substância, sou. Esta é a minha terceira questão.

Terceira questão: qual é a minha essência, eu que sei que existo independente de qualquer coisa material e, por isso mesmo, sei que sou uma substância?

> Compreendi por aí que eu era uma substância cuja essência ou natureza consiste apenas em pensar, e que, para ser, não necessita de nenhum lugar, nem depende de qualquer coisa material.[83]

---

83. Descartes, op. cit., Tome I, p. 602-603.

E aqui está a minha resposta: eu sou uma substância "cuja essência e natureza consiste apenas em pensar". Portanto, a minha essência também reside no ato que me deu a consciência tanto da minha existência, quanto do meu ser substância. Pois, eu sei que a minha natureza é pensar porque a minha substancialidade se revelou nestas condições do ato do pensamento. Então, vejo aí que é necessária uma conclusão: se eu existo porque penso, e se penso independente de qualquer coisa, sou uma substância; então, o que me define como substância é o pensamento. Eis, pois, qual é a minha essência: o pensamento. Isso se explica porque o ato de pensar é a única verdade que eu retenho provisoriamente.

Por conseguinte, com o *"eu penso, logo existo"*, eu ganho a consciência de que a) existo, de que b) talvez seja mesmo uma substância e de que, c) pela mesma razão, minha natureza é o pensamento. Mas, não posso saber ainda qual é a minha origem, pois, é preciso repetir, o *"eu penso, logo existo"* não me dá essa informação, por mais que eu o indague. O *eu penso, logo existo* só me conscientiza.

Então, acreditamos que o que se chama "processo constitutivo do *cogito*" não é suficiente para constituí-lo como normalmente se pensa. E, de fato, é o que normalmente se pensa. Por exemplo, do texto no qual Gouhier analisa uma certa aproximação entre Descartes e Platão, com o interesse denegá-la ou de enfraquecê-la, retiramos um trecho em que podemos ter uma ideia do que Gouhier pensa acerca do *cogito*:

> ... mas as fórmulas que Descartes emprega mostra quanto a aproximação com os graus platônicos do saber seria superficial: *scientiavero sit persuasio a ratione tam forti...* A ciência é uma persuasão irresistível; é porque lemos algumas linhas mais acima: *qui clare intellexit rationes quae persuadent Deum existere...*, linhas que introduzem a verdadeira distinção reconhecida por Descartes quando ele declara: nisso que clara-

> mente inclui "as razões que persuadem a existência de Deus", aí haverá "não somente persuasão, mas ainda a verdadeira ciência ...", *non tantum persuasio, sed vera scientia*. Há aqui persuasão com ciência, mas não se confunde com ela...[84]

O trecho é de difícil análise, mas aqui parece que Gouhier, ao mostrar a relação entre *persuasio* e *scientia*, nos mostra que sua compreensão do *cogito* é a de que eu sou o ponto central justamente na relação entre *persuasio* e *scientia*. Pois, esta mediação na qual temos tanto a *persuasio*, quanto a *scientia*, sou eu, enquanto ser pensante, inegavelmente, para Gouhier, que opero. Isto porque sou eu que devo mostrar as razões que provam a existência de Deus. De acordo com este raciocínio de Gouhier, temos que concluir pela operação lógica de um sujeito da dúvida que prova a existência da substância divina. Portanto, seria necessário concluirmos que cabe a mim próprio, enquanto ser pensante, constituir-me num processo, cujo controle reside em meu próprio pensamento.

Enéias Forlin vai nessa mesma direção quando acentua o papel da dúvida na constituição do Eu Pensante.

Para Enéias Forlin a dúvida é, acima de tudo, a dúvida lógica; e é isso que pretendemos ressaltar aqui em relação a este comentador de Descartes. Citemos um trecho no qual Enéias Forlin deixa transparecer essa ideia:

> (...) as sucessivas etapas da dúvida metódica consistindo, pois, nos diferentes graus da dúvida hiperbólica. Em sentido próprio, porém, pode-se dizer que a dúvida metódica se compõe de uma série de dúvidas hiperbólicas em ordem de generalização crescente: cada dúvida atuando sobre um campo maior que a anterior e incluindo o campo desta. Contudo, tecnicamente falando, a dúvida hiperbólica consiste pre-

---
84. Gouhier, *La pensée Métaphysique de Descartes*.

cisamente numa aplicação da dúvida lógica sobre os fatos, seja indiretamente, por meio de um exagero da dúvida natural, seja diretamente, pela instauração de uma dúvida metafísica. Quanto à dúvida metódica, o mais apropriado é considerá-la como um programa que, mediante um método (o qual consiste em operar radical e hiperbolicamente), visa a instaurar a dúvida universal (...).[85]

Por meio deste trecho, observamos que Enéias Forlin nos mostra que eu opero a dúvida e ao fazer isso sigo a pauta da lógica recomendada pelo método. Dessa forma, em todas as etapas da dúvida, começando pela natural indo até à metafísica, esta dúvida é sempre guiada por uma lógica, o que significa dizer que para cada estratégia de dúvida que eu enuncio existe uma razão adequada. Assim, por exemplo, quando a operação envolve um ataque às nossas opiniões, e no que concerne àquilo que é o mais factual possível, isto é, no que diz respeito às nossas percepções sensíveis, a lógica manda que a dúvida tenha uma razão natural, sem recorrer a qualquer razão *a priori*, na medida em que essa razão natural de duvidar por si só basta para pôr em xeque as nossas percepções sensíveis. Pois, segundo Enéias Forlin, esta dúvida atua diretamente sobre as nossas crenças e, como isso envolve as nossas possibilidades de explicações empíricas, ficando abaladas, então, instaura-se, assim, a dúvida natural.

Dessa maneira, nós temos, segundo Enéias Forlin, a razão natural de duvidar, primeira etapa da dúvida metódica ou lógica. Mas, Enéias Forlin nos diz que essa dúvida lógica é também hiperbólica e, por isso mesmo, essa dúvida natural é levada ao extremo, chegando a um ponto em que a dúvida natural não tem mais como se sustentar, pois ela chega à uma região dos fatos na qual não pode mais duvidar das coisas

---
85. Forlin, op. cit., p. 23-24.

que se apresentam. Assim, essa dúvida natural, guiada pelo "princípio lógico da necessidade", para usar a própria expressão do comentador, cede lugar à outra lógica de duvidar que, aliás, é a própria dúvida lógica. Pois, diz Enéias Forlin, se a dúvida natural não pode mais corresponder ao rigor da dúvida lógica, então a própria dúvida lógica deverá continuar sendo aplicada, fazendo jus ao direito do qual a dúvida natural não mais pode se beneficiar. A partir daí a dúvida lógica não mais usará como mediação a dúvida natural, mas ela colocará em questão os fatos diretamente, sendo que agora trata-se de se remeter a um nível em que apenas hipóteses transcendentes podem oferecer uma razão de duvidar.

Resumindo, temos aí, por meio do texto de Enéias Forlin, uma operação totalmente pautada pelo rigor do método, cujo princípio guiador é o da necessidade. Para Enéias Frolin, isso tem uma consequência, a saber, a dúvida me constitui, mas por isso eu, enquanto ser que opero todo esse processo de dúvida, torno-me o fundador mesmo do conhecimento, sendo o princípio primeiro que, por si só, basta para fundar a ciência, mas exatamente por isso basta para dar a mim próprio o meu ser pensante. Isto é, eu me constituo no processo da dúvida, além de fundar a ciência.

Quanto às etapas das dúvidas descritas por Enéias só temos é que aprender com tais descrições, mesmo porque elas são esclarecedoras e, não obstante, vislumbramos outra consequência, pelas razões que estamos tentando mostrar desde o início de nossa investigação.

Pois, como já tentamos mostrar, a razão de ser da própria dúvida é a ideia de perfeição que esse sujeito da dúvida possui, mas unicamente pela ação da substância divina (cf. início da Meditação Terceira). E, por conseguinte, se a dúvida o constitui, mais ainda se prova que ele não pode ser nem por si mesmo, e menos ainda fundar a ciência, ainda que verbalizando o *cogito*, porque ela, na verdade, não o constitui, mas se ela o constituísse, esta teria, e não tem, a própria ideia de perfeição. Ora, se o Eu Pensante é o princípio fundador de si próprio, e nos parece mesmo que ele é, como tentamos mostrar, e se ele é o princípio de conhecimento, como mostra Enéias Forlin, e com razão, então esse princípio certamente só pode é estar subordinado ao princípio que o fez duvidar, que é Deus. Por conseguinte, o Eu Pensante é princípio de conhecimento, mas nos parece fortemente, pelas mesmas razões que expusemos desde o início de nossa investigação, que o próprio ato de duvidar impede que ele seja primeiro. Pois, embora seja ele o primeiro a ser conhecido, sempre depende de algo que lhe é anterior, como acontece com o processo de dúvida (cf. Meditação Terceira: "...e como eu poderia conhecer que duvido...?"). Isto é, sou eu quem duvido, mas existe um criador da própria dúvida na medida em que ela é método[86].

Gilson parece expressar essa anterioridade a partir das seguintes palavras:

> (...) Desde então, a certeza cartesiana tornou-se inteiramente independente da natureza do objeto e mesmo de sua existência; é esta que garante tanto uma quanto outra (...).[87]

Gilson segue analisando a questão da existência como fator importante para a certeza de alguma coisa e, por meio de sua análise, temos uma forte defesa da substância divina no sentido de provar as coisas no sistema cartesiano. Neste trecho, quase que sutilmente, Gilson apresenta algo importante para a questão que estamos a analisar. Ele garante que é a "existência" o fator importante para a certeza acerca das

---

86. Mas, apenas na medida em que ela é método, e não na medida em que ela é dúvida mesma, pois neste caso ela seria um nada e um nada é o não ser. Ora, Deus não faz o não ser (Meditação Terceira, parágrafo 23).
87. Gilson, *Études Sur le role de la pensée médiévale dans la formation Du système cartesien*, p. 235.

coisas. Tomemos esta tese para nós. Pois bem, se é a existência o fator importante para a certeza das coisas, mais importante para essa certeza é aquilo que garante tal existência. E de fato, Gilson parece deixar isso bem acentuado em sua análise, na medida em que uma de suas afirmações é a de que "... a verdadeira prova da existência de Deus é ao mesmo tempo a prova de que nossas ideias claras e distintas são verdadeiras ..."[88]. É uma das defesas mais lúcidas da substância divina como algo prioritário para o processo meditativo. Pois, nesse sentido da frase acima, eu tenho uma operação inversa da que os comentadores de Descartes costumam fazer: eu só posso ter a certeza de que Deus existe, se a sua ideia é clara e distinta, dizem eles. Aqui o processo é inverso: eu só posso ter uma ideia clara e distinta se eu sei que Deus existe e, claro, se posso provar a sua existência, diz Gilson.

Vemos que o comentador realmente tem como foco a questão da existência da substância divina, pois as 2 frases que citamos parecem conjugar juntas a importância dessa existência. E, claro, quando falamos da existência, falamos sobretudo da existência da substância divina. Pois, sem essa existência, não haveria outras, porque ela é a mais perfeita de todas e, por isso mesmo, garantia destas.

Temos, nesse sentido, a existência da substância divina na frente de todas as outras questões mais importantes do sistema cartesiano.

Para concluir esse exame, em relação à ideia de substância, no que diz respeito ao *cogito* e ao sujeito da dúvida, diremos que ao me conscientizar de que eu sou uma substância justamente porque descobri que eu existo pensando e, ao pensar, penso de maneira independente de qualquer coisa material, conscientizo-me, ao mesmo tempo, de que deve existir uma origem, uma razão pela qual eu possa ser uma substância, cuja natureza consiste em pensar. Ora, eu passo a ter neces-

---

88. Idem, p. 239.

sidade dessa origem, e essa necessidade leva-me a examinar de maneira deliberada onde eu posso encontrá-la. Pois, sem essa informação, o meu próprio ser fica incompleto ("... sem o conhecimento dessas duas verdades, não vejo como possa jamais estar certo de coisa alguma..."[89]). Ou, como diz Gilson, interpretando Descartes, "... a verdadeira prova da existência de Deus é aomesmo tempo a prova de que nossas ideias claras e distintas são verdadeiras..."[90]. Portanto, não poderei sustentar esse conhecimento que acabo de adquirir. Então, é como se essas 3 informações que acabo de obter a meu respeito de nada adiantasse no que diz respeito à minha constituição como ser pensante. Por conseguinte, para que eu possa obter a completude de minha constituição como ser pensante é preciso que eu vá em busca de minha origem, na medida em que sem ela eu não posso dizer que sou um ser constituído como ser pensante.

Seguindo a trilha da substância divina, examinemos a minha condição de substância criada em relação à substância incriada. Observamos perfeitamente que não posso ser constituído sem a intervenção da substância divina, que já aparece quando eu me descubro como ser pensante. E, neste sentido, eu posso inferir uma precedência da substância divina no processo que me constitui. Mas, quando eu busco a minha origem, como, então, fica a minha relação com a substância divina, eu que sou um ser pensante? É o que precisamos investigar.

2. Em relação a Deus: a substância divina e processo de criação do *cogito*

É possível mostrar, no trecho que segue, uma precedência da substância divina em relação tanto ao *cogito*, quanto

---
89. Descartes, op. cit., Tome II, p. 433.
90. Gilson, op. cit., p. 239.

ao próprio processo meditativo que, por sua vez, é tido como aquilo que constitui o Eu Pensante, tese que nos parece ser pouco convincente, embora muito forte. Mas, de acordo com o que examinamos acima, tal processo tem a precedência da substância divina? De acordo com Guéroult[91], apenas a ordem das razões, em seu processo meditativo, é suficiente para me tornar uma substância, sem que se empreste nada da substância divina. Nesse caso, nos esforçaremos mais uma vez para mostrar uma precedência da substância divina em relação ao processo de criação do *cogito* e do Eu Pensante como substância. Mas se ela tem parte nesse processo, qual é a parte que lhe cabe: é apenas "parte" do processo, em sentido próprio desse termo "parte" ou ela tem precedência no sentido de comandar o processo?

Vejamos se conseguimos alguma resposta para essas questões com o seguinte trecho do texto cartesiano:

> (...) em seguida, tendo refletido sobre aquilo que eu duvidava, e que, por conseqüência, meu ser não era totalmente perfeito, pois via claramente que o conhecer é perfeição maior do que o duvidar, deliberei procurar de onde aprendera a pensar em algo mais perfeito do que eu era; e conheci, com evidência, de que deveria ser de alguma natureza que fosse de fato mais perfeita. No concernente aos pensamentos que tinha de muitas outras coisas fora de mim, como do céu, da terra, da luz, do calor e de mil outras, não me era tão difícil saber de onde vinham, porque, não advertindo neles nada que me parecesse torná-los superiores a mim, podia crer que, se fossem verdadeiros, eram dependências de minha natureza, na medida em que esta possuía alguma perfeição; e se não o eram, que eu os tinha do nada, isto é, que estavam em mim pelo que eu possuía de falho. Mas não podia acontecer o

---

91. Guéroult, *Descartes selon l'ordre des raisons*, p. 54.

mesmo com a ideia de um ser mais perfeito do que o meu; pois tirá-la do nada era manifestamente impossível; e, visto que não há menos repugnância em que o mais perfeito seja uma conseqüência e uma dependência do menos perfeito do que em admitir que do nada procede alguma coisa, eu não podia tirá-la tampouco de mim próprio. De forma que restava apenas que tivesse sido posta em mim por uma natureza que fosse verdadeiramente mais perfeita do que a minha, e que mesmo tivesse em si todas as perfeições de que eu poderia ter alguma ideia, isto é, para explicar-me numa palavra, que fosse Deus (...).[92]

Em que mesmo este trecho pode ajudar a respondermos às perguntas que acabamos de fazer: ele mostra, por exemplo, que não é apenas uma questão de dizer que há a existência de uma natureza mais perfeita, que é Deus, mas que se essa natureza pôs em mim sua ideia, então ela também pôs as outras ideias e, é claro, a minha própria natureza foi posta em mim por essa substância divina? Se isso existir neste trecho, então as nossas indagações acima podem ser respondidas e, por conseguinte, eu descubro a origem da minha existência? É o que vamos examinar.

Agora que estou de posse de 3 informações a meu respeito, isto é, que a) eu existo, b) que sou uma substância, cuja c) natureza consiste em pensar, então, por meio da forte necessidade de saber qual é, afinal, a origem dessas 3 informações, eu delibero procurar saber qual é a origem de minha existência ("deliberei procurar de onde aprendera a pensar em algo mais perfeito doque eu era"[93]). Acontece que se eu delibero procurar por algo que possa ser a minha própria origem, então sei que eu mesmo não posso me constituir como ser pensante e, se eu não posso, algo inferior ou igual a mim também

---

92. Descartes, op. cit., Tome I, p. 605-606.
93. Idem.

não pode ser — por exemplo, o processo meditativo é igual ou inferior a mim. E isso posso pensar, mesmo que eu não o explicite neste momento. Todavia, que esse ser seja mais perfeito que o meu, parece ser um conhecimento explícito, na medida em que eu delibero procurar por algo que possa ser a minha origem. Podemos dizer que aqui existe a lógica da necessidade.

Quando eu busco de fato essa origem, paulatinamente entendo algumas questões, e uma destas é a deficiência da minha própria reflexão

> ...em seguida, tendo refletido sobre aquilo que eu duvidava, e que, por consequência, meu ser não era totalmente perfeito, pois via claramente que o conhecer é perfeição maior do que o duvidar, deliberei procurar de onde aprendera a pensar em algo mais perfeito do que eu era...[94]

Mas, eu percebo que minha reflexão é deficiente não porque sei que sou imperfeito, pois a reflexão deve acontecer por meio de meu pensamento, mesmo que eu seja imperfeito, pois é da minha natureza refletir e ser imperfeito. A questão é que a necessidade da descoberta da minha origem me leva a entender que não basta refletir se eu não conheço a tal ponto de não saber a minha origem. Aí reside o problema da minha função de refletir. Pois, afinal, se eu duvidei, e se esse ato me levou a conhecer que existia, então isso teve uma consequência, a saber, eu sei agora que é preciso reconhecer a noção de deficiência da reflexão, na medida em que ela aponta a necessidade de saber por que eu reflito, se refletir é perfeição. Isto é, na própria reflexão está a noção de deficiência da reflexão, pois ela mesma me leva a entender que se eu refleti sobre a dúvida, então existe algo de perfeito do qual eu faço uso. Ou,

---

94. Ibidem.

ainda, na reflexão está a perfeição e a deficiência. A perfeição: eu exerço um poder, que é a reflexão. A deficiência: ela própria não me dá a totalidade de minha origem, que talvez seja o meio pelo qual eu duvido.

Sendo assim, isso é a necessidade da necessidade: eu necessitei duvidar — e cumpri este ato —, mas essa necessidade inclui outra, que é a necessidade de se saber por que meio eu duvido. Dirão: "eu duvido pelo pensamento". Mas eu já duvidei pelo pensamento e, todavia, eu sinto que existe um meio pelo qual eu duvido pelo pensamento.

Então, não basta refletir, não basta pensar. É preciso saber que todas estas operações possuem um meio, uma razão de ser. Numa palavra, elas possuem uma origem ("... deliberei procurar de onde aprendera a pensar ..."[95]). Eu penso, isto é certo, ou seja, eu opero alguma representação, da mesma forma como eu operei uma série de questões no que diz respeito à dúvida, por exemplo. Mas, o poder de pensar, o fato de eu ser uma substância, um ser pensante, numa palavra, uma *res cogitans*, não se origina no ato da reflexão, não se origina em ato efetivo do pensamento. Quando eu duvidei da veracidade dos meus sentidos, que existiam corpos, que a matemática podia ter alguma certeza e, também, que eu existia, na verdade eu já existia enquanto ser pensante, enquanto uma substância, enquanto uma *res cogitans*, e nada disso estava por ser produzido, na medida em que eu me descobri, isto é, eu tomei ciência do que eu já era.

Ora, se é assim, então o meu ser efetivamente pensante não se engendra no processo reflexivo, mas muito antes. Pois o ato da descoberta, por definição, é o ato que deve me levar a entender que o *cogito* já era realidade e, "*penso, logo existo*", é apenas uma questão de formulação. Ora, formular, em sentido próprio da Meditação Segunda, é trazer à consciência aquilo que já era muito antes desse ato.

---

95. Descartes, op. cit., Tome I, p. 605-606.

Daí a extrema necessidade de saber da minha origem, pois se apenas o fato de eu duvidar me formasse como ser pensante, aí também estaria a origem do meu ser pensante. Daí também eu ter que entender a deficiência do meu ato de duvidar, pelas razões que eu já apresentei, mas também na medida em que ele não me satisfaz. Pois, este meu ato de pensar não me dá tudo o que eu preciso, como acabamos de dizer.

E na medida em que eu busco essa origem pela qual eu deverei me certificar ainda mais de mim mesmo, mais ainda do que a própria origem, eu deverei chegar à conclusão de que esse ser que me faz ser o que eu sou é mais perfeito do que eu imagino: "... e conheci, com evidência, de que deveria ser de alguma natureza que fosse de fato mais perfeita ..."[96]. Realmente, eu a encontro pelo pensamento, mas, como eu já percebi momentos antes, quando eu descobri que existia, este meu poder reflexivo não dá conta de saber muito sobre o que tanto desejo, ainda que eu saiba que esse ser seja perfeito.

Dessa forma, é preciso saber que se trata de um ser, cuja perfeição ultrapassa tanto a minha vontade, quanto o meu próprio pensamento. Ultrapassa mais o meu pensamento, e menos a minha vontade, pois é ao meu pensamento que cabe descobrir tudo acerca do que quero. Então, além de saber que existe uma origem, eu sei agora que esta é realmente mais perfeita do que eu posso pensar, pois não sei determinar a sua natureza da mesma forma que sei dizer que sou um ser pensante. Ora, dizer que sou um ser pensante é determinar algo acerca de mim mesmo. Como eu não sei dizer ao certo qual é o grau de perfeição do ser que me dá origem, então esta determinação não lhe posso dar. Resulta daí, portanto, que novamente meu pensamento se vê defeituoso, por não me dar de maneira completa o que busco.

Logo, mesmo sabendo agora que esta origem é perfeita, o que já é muito, dadas as dificuldades que eu encontro no que

---

96. Ibidem.

diz respeito ao conhecimento desta natureza, é preciso ainda descobrir-lhe algo mais. Mas o que exatamente? Será preciso examinar se este ser perfeito, que é a minha origem, não pode ser comparado a algo que seja, talvez, inferior a mim mesmo, mesmo que eu saiba que isso é incoerente com o que eu já sei acerca desse ser — mas de tão dificultoso que é o exame que faço no momento, eu até tenho vontade de desconfiar dessa minha origem, mesmo que, todavia, eu saiba agora que ela é perfeita. Pois, se eu faço isso, não tenho mais razão para questionar acerca de sua perfeição.

Neste caso, eu me volto para algumas das ideias com as quais eu me ocupei quando participei do processo de dúvida:

> ...No concernente aos pensamentos que tinha de muitas outras coisas fora de mim, como do céu, da terra, da luz, do calor e de mil outras, não me era tão difícil saber de onde vinham, porque, não advertindo neles nada que me parecesse torná-los superiores a mim, podia crer que, se fossem verdadeiros, eram dependências de minha natureza, na medida em que esta possuía alguma perfeição; e se não o eram, que eu os tinha do nada, isto é, que estavam em mim pelo que eu possuía de falho...[97]

Fica claro para mim que não há dificuldade quando se trata de saber de onde vem uma ideia que, embora ainda não tenha nenhum conhecimento sobre ela, eu posso hipoteticamente dizer que ela só tem 2 alternativas de ser algo, a saber, ou ela depende de meu ser, desde que seja inferior a mim, ou é produto de minha carência. Então, todas as ideias nas quais eu pensei quando participei do processo de dúvida, tais como o "céu, a terra, a luz, o calor", etc., são exemplos de ideias nas quais eu já posso hipoteticamente pensar, para dizer que só

---

97. Descartes, op. cit., p. 605-606.

podem se enquadrar ou num caso ou noutro. Por que motivo posso pensar assim sobre elas?

Em primeiro lugar, porque elas ainda estão presas sob a força do processo da dúvida que ainda não teve o seu final.

Em segundo lugar, porque a força do processo de dúvida que ainda persiste sob a influência do gênio maligno não me dá motivo para pensar sobre elas, da maneira como eu penso sobre mim e sobre a ideia de uma substância superior a mim mesmo. Pois, tudo o que eu tenho de conhecimento até aqui é apenas que a) eu existo, que b) eu sou uma coisa que pensa e, como não pode ser diferente, que c) existe uma origem donde eu e o processo meditativo saímos.

Todavia, como eu duvidei de muitas coisas, dentre elas as que eureuni acima, isto é, "o céu, a terra, a luz, o calor", etc., e, contudo, ainda não pude torná-las conhecimento, então, posso apenas no momento falar delas de maneira hipotética, e dizer que se elas podem ser alguma coisa, o máximo que podem é ser dependentes de meu ser. O que não significa que elas não sejam dependentes da substância superior, na medida em que seriam dependentes de algo que, por sua vez, também depende de algo. Este é a substância superior, que agora eu sei que é minha origem, mas sei também que essa substância é perfeita.

No entanto, essa operação é possível em relação à ideia de uma substância superior. Pois, enquanto eu posso, sem dificuldade, dizer que elas seriam, no máximo, dependentes de mim mesmo, em relação à substância superior é impossível eu pensar dessa forma, na medida em que eu percebi a necessidade que tenho em afirmar que a minha origem, isto é, a substância que me originou, é infinitamente superior a mim mesmo.

Por conseguinte, nenhum motivo existe a partir de agora para que eu possa pensar nesta substância superior em termos de inferioridade. Ora, quando eu me descobri como ser pensante eu já sabia que essa substância só poderia ser superior a mim mesmo, dado que era necessário que ela fosse a minha origem. Se, depois de refletir sobre algumas ideias que vieram ao meu pensamento, descubro a infinita diferença que há entre essas ideias e a substância superior, então, mais ainda, eu tenho motivos a partir de agora para dizer que a ideia dessa substância é realmente verdadeira, enão há mais a mínima condição para que eu ainda, hipoteticamente, arrisque pensar nela enquanto algo inferior

> ... mas não podia acontecer o mesmo com a ideia de um ser mais perfeito do que o meu; pois tirá-la do nada era manifestamente impossível; e, visto que não há menos repugnância em que o mais perfeito seja uma conseqüência e uma dependência do menos perfeito do que em admitir que do nada procede alguma coisa, eu não podia tirá-la tampouco de mim próprio...[98]

Portanto, pensar nela agora como algo inferior se tornou impossível, da mesma maneira como já era impossível antes dessa minha última reflexão.

Nesse sentido, não preciso mais fazer nenhum esforço para dizer que se eu tenho a ideia de alguma substância superior é porque esta é quem me forneceu tudo o que sou. Mas, não apenas isso. Também ela me forneceu tudo aquilo pelo que eu obtive as coisas que conheci. Por conseguinte, ela me forneceu também a ideia de si mesma e a ideia de mim mesmo.

> ...de forma que restava apenas que tivesse sido posta em mim por uma natureza que fosse verdadeiramente mais perfeita do que a minha, e que mesmo tivesse em si todas as perfeições de que eu poderia ter alguma ideia, isto é, para explicar-me numa palavra, que fosse Deus...[99]

---

98. Descartes, op. cit., Tome I, p. 605-606.
99. Ibidem.

É preciso dizer que esta substância é Deus, que é o único ser que reúne todas estas condições, pelos argumentos que o sujeito da dúvida apresentou.

Dessa forma, se eu, enquanto ser pensante, sou originado por uma substância superior, significa que eu não me produzo simplesmente no processo reflexivo. Pelo contrário, se eu tenho origem por meio dessa substância absoluta, como acabamos de ver, o processo reflexivo, ou meditativo, é apenas o caminho para que essa "substância e natureza" se exerça como exemplo mesmo de que ela foi produzida. Ora, qual é essa origem? Já o vimos: o meu aprendizado reside numa natureza mais perfeita que a minha. Isto é, eu aprendi a pensar em algo mais perfeito a partir desse próprio algo.

Então, se penso em algo, seja mais perfeito que eu ou menos perfeito, só o penso porque aprendi a pensar por meio de algo mais perfeito que eu próprio. Instala-se, dessa forma, uma necessidade entre o meu ato reflexivo e aquilo que é superior a mim próprio. Nesse caso, não posso refletir se não me remeto ao que me dá as condições para que eu reflita. Ou ainda: para pensar não basta ser, mas é preciso também ser de alguma coisa superior a mim próprio. Então, "para pensar, é preciso ser", significa "para pensar é preciso ser" de alguma coisa. Se há uma necessidade entre o meu pensamento e aquilo que eu represento, mais necessário ainda é ser de alguma coisa superior a mim próprio. Aqui não se trata apenas de dizer que Descartes mostra a origem da ideia de perfeição, mas, inegavelmente, no texto acima, mostra também de onde eu tiro o próprio *cogito*. Por conseguinte, a sua criação.

Se é assim, então, o processo que me constitui não se faz apenas na medida em que o percurso demonstrativo ou reflexivo acontece, mas este processo reflexivo ou, se se preferir, demonstrativo, é apenas um exemplar do verdadeiro processo que me constitui, que se faz pela ação divina, se e somente se é dessa ação que eu tiro não apenas a ideia mais perfeita, isto é, a substância divina, mas o meu próprio ser. Assim, eu, como ser pensante, me constituo de 2 maneiras. A primeira é aquela que eu só reconheço depois, na Meditação Terceira, isto é, é o processo do qual as ideias que eu represento, o meu ser e os seres se originam. A segunda maneira é o processo que eu mesmo exerço, ou seja, o processo meditativo que me revelará como um ser que pensa, mas pensa por conta de que a) esse seu poder tem uma origem e de que b) trata-se de um poder que obtém a ideia de algo mais perfeito que ele próprio.

Então, seu único poder se restringe em entender aquilo que lhe foi depositado[100] pela natureza mais perfeita. Esta é, na verdade, a natureza da minha natureza: uma inteligência, uma substância que pensa. Ou uma *res cogitans*.

Para nós, esta precedência se faz bastante evidente. É necessário, contudo, vermos como alguns comentadores de Descartes se colocam diante dessa questão.

Por exemplo, no trecho a seguir, Guéroult nos faz pensar na relação entre a substância divina e a substância pensante de maneira diferente:

> ...A partir do momento em que é estabelecida a existência de um "outro", constrangendo-me a "sair de mim mesmo", necessariamente posto, na medida em que sendo realidade absoluta, como o autor das realidades objetivas que constituem o conteúdo de minhas idéias, essas realidades objetivas recebem um fundamento tornando-as definitivas para a ciência e sua realidade, na medida em que distintas da simples realidade da consciência que pensa, e sua autoridade em face dessa consciência pensante. Presente em mim, percebida em meu interior, esta realidade objetiva é sublimada na ciência filosófica como realidade essen-

---

100. Cf. "entre meus pensamentos, alguns são como as imagens das coisas, e só àqueles convém propriamente o nome de idéia..." (Descartes, op. cit., Tome II, p. 433).

cial e inteligível que Deus mesmo introduziu em mim e que não procede de mim. Assim, é metafisicamente fundado aquilo que até aqui, não foi senão psicologicamente estabelecido no *Cogito*, pela reflexão de meu espírito sobre ele mesmo (*mens in se conversa*), a saber, a divisão da consciência em consciência pura e simples, ou a forma do conhecimento, donde procedem as idéias como modos de pensamento todos iguais entre si, e o conteúdo desta forma, ou realidade objetiva das ideias, que os torna "diversos" e "desiguais" (em grau ou em quantidade de perfeição ou de realidade); realidade objetiva que, desde o primeiro momento, minha reflexão psicológica havia recusado admitir como seguramente proveniente de mim. Esta divisão é consumada e confirmada pela atribuição a cada um desses elementos de um princípio distinto[101]: o *Cogito*, princípio da forma do conhecer em geral, da consciência como forma de ideias, abstração feita desses conteúdos desiguais; Deus, princípio desses conteúdos, da realidade objetiva presente em graus diversos em todas as ideias...[102]

Aqui, tanto o *cogito*, quanto Deus, são princípios do saber humano. Isto é, Guéroult reivindica uma paridade entre a substância divina e o *cogito*. Expliquemos um pouco mais essa paridade presente no texto de Guéroult.

Guéroult diz que Deus é autor das realidades objetivas de minhas ideias e essas realidades constituem o conteúdo das ideias que eu produzo. Então, com o fundamento dado por Deus a essas realidades, elas ficam valendo definitivamente para a ciência e, por conseguinte, ficam valendo as minhas próprias ideias. Pois, elas passam a valer na medida em que,

---

101. Até que ponto realmente Descartes atribui um princípio para cada realidade? Ou seja, será que realmente Descartes atribui como princípio da realidade formal o *Cogito* e para a realidade objetiva justamente Deus?
102. Guéroult, op. cit., p. 234.

por meio de suas realidades objetivas ganham um conteúdo válido, fundamentado por Deus. Daí porque, se de um lado, eu produzo a ideia de alguma coisa, e se de outro, Deus funda justamente os conteúdos destas ideias, transformando-as de simples representações a ideias com conteúdos, ideias que eu apenas produzo, então o *cogito*, enquanto primeiro conhecimento da cadeia das razões, fica valendo para a ciência como o princípio primeiro do conhecer, por meio da representação intelectual, produtor das ideias das coisas, mas Deus fica valendo como o princípio primeiro do conteúdo das ideias que eu produzo, se estabelecendo como o formador ontológico de minha produção intelectual. Por isso que tanto o *cogito*, enquanto momento privilegiado da reflexão, quanto Deus, enquanto ser que fundamenta as realidades objetivas de minhas ideias, são igualmente importantes para a marcha da ciência, de acordo com esta divisão que Guéroult opera.

Por conseguinte, como diz Guéroult, se considerarmos apenas a questão do conhecer em geral, até mesmo Deus, enquanto ideia, será uma produção do meu espírito, mas se considerarmos do ponto de vista da formação ontológica destas ideias, incluindo a de Deus, então, este Deus será sozinho o primeiro princípio. De tal modo que, tendo 2 vias para a formação do saber humano, uma será comandada pela *Res Cogitans*, cujo princípio é o *cogito*, mas a outra será comandada por Deus. Esta parece ser a mensagem que Guéroult deseja passar com o trecho que acabamos de mostrar.

Mas, esta divisão Guéroult já havia anunciado no Capítulo III, quando ele diz o seguinte:

> ainda que ele me forneça de uma só vez o conhecimento de minha existência (*quod*) e aquele de minha natureza (*quid*), esses dois conhecimentos comportam, cada qual, uma certeza de ordem muito diferente. O primeiro não é apenas certo para mim, mas possui desde já um pleno valor objetivo, pois é suficiente que

> eu pense que existo para saber que em si eu existo. O segundo não tem no momento ainda senão uma necessidade puramente subjetiva, pois o fato que eu me pense como sendo por natureza puro pensamento não implica nunca que em si eu seja uma natureza exclusivamente pensante. Eu sei apenas que a necessidade de assim me representar a mim mesmo minha própria natureza existe em mim tão certamente quanto eu existo, e tão certamente quanto eu só posso colocar esta existência apenas na medida em que penso[103].

Guéroult separa a verdade da existência da verdade da natureza, mas isso tem um sentido lógico para aquilo que ele defende no Capítulo V e que acabamos de examinar.

Neste Capítulo III de seu livro, Guéroult diz que, por um lado, o Eu Pensante dá valor objetivo pleno à sua própria existência, mas por outro ele não faz senão ter uma percepção subjetiva do conhecimento de sua própria natureza, isto é, se ele divide o conhecimento do *cogito* em 2 ordens, é porque isso deve resultar justamente em outras 2 famosas divisões que se conhece na história do pensamento cartesiano por meio da tradição que comenta Descartes, que é a ordem epistemológica e a ordem ontológica, ordens que examinamos com um trecho do capítulo "primeira prova de Deus pelos efeitos" que, por sua vez, citamos acima.

Então, se, para Guéroult, o *Eu Pensante* pode dar-lhe o valor objetivo para que ele possa corresponder à realidade é para que ele explique, por meio disso, que a substância divina não faz falta no que diz respeito ao ato do conhecer em geral. Tanto é assim que um exemplar dessa independência é o próprio fato de eu saber que existo, se penso. E, todavia, se esse Eu Pensante não pode ter senão uma percepção subjetiva de sua natureza, carecendo, dessa forma, da garantia divina, então, justamente isso é para dizer que eu posso ter a

---

103. Guéroult, op. cit., p. 87.

ideia de que existo, mas não posso provocar-lhe a sua substância. Pois, afinal, o fato de eu saber que existo não significa que eu também provo que há aí a devida substância, mas que apenas eu posso ter uma ideia dessa substância. Eis aí um ponto polêmico no texto de Guéroult que, aliás, é por conta do texto cartesiano.

Portanto, concretamente, Guéroult pretende dizer: eu provoco a minha existência, e ao fazer isso eu faço com que a minha existência corresponda à realidade: este é o pensamento, que me faz conhecer que existo. Dessa forma eu me afirmo como princípio primeiro do conhecer em geral, pois conheci que existo independente da substância divina, mas por um processo reflexivo. Para além disso, para provar que sou princípio de conhecimento, tenho desde já a ideia do que eu sou, e essa ideia é plena de realidade formal. Isto é, eu sou princípio do conhecer em geral pelo fato da minha existência ser plena de pensamento, mas um princípio que não pode estabelecer a realidade formal das ideias que eu produzo.

Por conseguinte, Guéroult defende que a minha existência é objetiva e essa objetividade parte de mim mesmo, mas admite essa ideia como sendo subjetiva. Ora, se é subjetiva, ela não pode ser plena de objetividade. Porque a realidade objetiva das ideias que eu represento é algo que extrapola a minha subjetividade, pois essa realidade está ao alcance da substância divina. Por quê? Porque aí reside a importância da realidade formal e eminente. Antes de terminarmos esta análise da posição de Guéroult vejamos o que outro comentador de Descartes pensa sobre isso.

Enéias Forlin critica essa posição de Guéroult, mas sua crítica se origina da maneira como ele interpreta a teoria da verdade em Descartes. Ele deseja radicalizar a posição de Guéroult para mostrar que o *cogito* não apenas provoca a sua existência e a sua ideia, mas também a sua própria substância.

Tomemos este trecho do texto de Enéias:

> ...todo discurso tem seu objeto, ou seja, é sempre discurso de alguma coisa ou sobre alguma coisa; o discurso que não fala sobre nada não é, evidentemente, um discurso. É próprio do discurso expressar algo e a expressão é sempre um esforço de corresponder àquilo que se quer expressar. A noção de correspondência, pois, está implícita na noção de discurso. Quando, portanto, atribuímos valor de verdade ao discurso, estamos necessariamente atribuindo esse valor à noção de correspondência intrínseca a ele: ao indagarmos sobre a verdade de um determinado discurso, estamos perguntando se esse discurso sobre algo corresponde a esse algo de que ele é o discurso...[104]

Temos aqui, se entendemos a tese de Enéias, uma noção de verdade como correspondência entre o discurso e o objeto de que ele é discurso. Isto é, aquilo sobre o qual eu me remeto, é necessariamente um objeto verdadeiro, se o meu discurso for verdadeiro, mas será necessariamente falso se o meu discurso for falso. Então, entre a realidade das coisas e a possibilidade da verdade sobre alguma coisa, reside a operação que eu devo fazer para ver se, remetendo a estas coisas, eu veiculo a verdade das mesmas. Nesse sentido, o único caminho para a verdade das coisas que afirmo é o discurso que eu posso efetuar. Evidentemente, o que está em jogo aqui tanto é o meu poder de me remeter às coisas de maneira lógica, e justamente por meio dessa lógica que eu deverei empreender é que nascerá a correspondência entre o que falarei sobre as coisas e a própria realidade a que elas estão submetidas, quanto a objetividade da ideia a qual me remeto.

Parece ser esta a noção de verdade como correspondência que Enéias deseja mostrar como sendo uma noção presente no texto de Descartes. Ele submete esta noção a uma séria in-

---

104. Forlin, op. cit., p. 53.

vestigação para, em seguida, mostrar como ocorreria a sua validade do ponto de vista do texto cartesiano.

Nesse sentido, Enéias nos oferece uma forte argumentação em favor dessa validade da noção correspondencial de verdade:

> com essa intuição intelectual que o pensamento tem de si mesmo, ainda que condicionada temporalmente, Descartes, portanto, encontrou aquela percepção capaz de garantir por si mesma uma correspondência necessária com a realidade. A noção de verdade como correspondência, então, é validada e, com ela, demonstrada a possibilidade da verdade. Melhor que isso: está demonstrada a existência de ao menos um conhecimento verdadeiro. Mais ainda: Descartes atingiu, enfim, aquele fundamento de que precisava para, a partir dele, tentar erguer novamente todo o edifício do conhecimento. Não se tratará, no entanto, do mesmo edifício, pois já não se trata da base. As crenças do senso comum, que pareciam funcionar como os princípios em que se fundava todo o conhecimento, à medida que elas mesmas pareciam fundar-se na percepção sensível, foram todas rejeitadas quando se colocou em causa a própria realidade da percepção sensível. Dessa forma, o novo edifício do conhecimento humano, se puder ser levantado, não se erguerá mais a partir da exterioridade, ou seja, a partir do que se pensava ser uma percepção sensível inquestionável de uma realidade material imediatamente dada, mas irá se erguer a partir da interioridade da consciência, ou seja, a partir de uma percepção intelectual, esta sim inquestionável, que o pensamento tem de sua própria realidade[105].

Por meio deste argumento de Enéias, podemos vislumbrar 3 pontos importantes que, segundo este autor, mostram como

---

105. Forlin, op. cit., 2005, p. 117-118.

se pode entender a demonstração da noção correspondencial de verdade no texto de Descartes.

O primeiro é que a intuição é verdadeira por si mesma, pois ela corresponde, por si própria, à realidade da qual ela é discurso. De acordo com Enéias, isto valida a noção de verdade como correspondência, porque com uma intuição que por si mesma corresponde à realidade, é claro que é capaz de demonstrar a verdade sobre aquilo de que ela será o discurso. Sendo que se esse pensamento é capaz de mostrar ou trazer a verdade sobre aquilo de que ele será o discurso, então, é porque ele possui as condições necessárias para que isso ocorra. Ora, este próprio pensamento já é a primeira verdade adquirida, e isso significa que, pelo mesmo caminho, ele trará as outras verdades que se farão necessárias para a marcha da ciência. Portanto, se este pensamento tornou-se indubitavelmente a primeira verdade, as outras seguirão pelo seu próprio caminho de operação intelectual que ele deverá operar.

Segundo, se essa intuição verdadeira valida a noção de verdade como correspondência, na medida em que a intuição corresponde à realidade, então, é porque modificou todo o sistema de crenças do senso comum, que serviam como bases para o edifício clássico do conhecimento. Portanto, toda a força da intuição intelectual, que agora pode servir como validade da verdade, transforma o edifício do conhecimento. Por conseguinte, passa-se de um sistema de crenças para um poder intelectual capaz, por si próprio, de corresponder à realidade, e isso funciona tanto para si próprio, quanto para todo e qualquer objeto humanamente cognoscível.

Terceiro, se a partir do poder que o meu pensamento tem de demonstrar a verdade sobre qualquer objeto cognoscível o edifício do conhecimento transforma-se, é porque este edifício se erguerá a partir desta subjetividade, na medida em que ela é que é a possibilidade da verdade das coisas, já que ela é a primeira verdade demonstrada que corresponde, por si mesma, à realidade. Por conseguinte, o pensamento, tendo como o *cogito* como um principio exemplar, e só ele, é o princípio de todo e qualquer conhecimento, não precisando, inclusive, de nada mais, senão da própria intuição intelectual para que a verdade seja possível.

Como podemos ver, Enéias oferece explicações claras e convincentes sobre a noção de verdade como correspondência presente no texto cartesiano. Ele é ainda mais claro e forte em seu argumento:

> se posso duvidar da verdade de <2 + 2 = 4>, visto que pode haver um Deus que me engane sistematicamente sempre que raciocino matematicamente, mas, apesar disso, não posso duvidar da verdade de que eu seja uma coisa essencialmente pensante, à medida que isso é intuído pelo meu espírito, é porque essa intuição intelectual de minha natureza, diferentemente do que ocorre com as ideias matemáticas, não oferece uma mera certeza subjetiva, mas mostra que isso corresponde indubitavelmente à realidade. É, portanto, a própria concepção cartesiana de conhecimento verdadeiro, tal como está expressa na Meditação Primeira, por meio da aplicação do princípio da dúvida hiperbólica, que inviabiliza a interpretação de Guéroult[106].

O que fica muito plausível para nós é que há uma nítida polêmica entre Enéias e Guéroult, na medida em que aquele deseja, como já dissemos, radicalizar a posição deste. Vimos que Guéroult operou uma divisão e esta divisão cria 2 responsabilidades no sistema cartesiano. Uma cabe ao *cogito*, que fica como princípio do conhecer em geral, mas a outra cabe a Deus, que se torna princípio do conteúdo de minhas ideias, condição para que a minha intuição seja validada na ordem da ciência. Vimos que o Capítulo III ("O *cogito*") dá

---

106. Forlin, op. cit., p. 172-173.

uma boa explicação disso, mas que o Capítulo V ("A primeira prova de Deus pelos efeitos") não deixa qualquer dúvida. Aliás, este capítulo é tão claro quanto a carta que Descartes escrevea Clerselier em 1641: por um lado é Deus, mas por outro é o *cogito*. Esta carta aparecerá no terceiro capítulo de nossa investigação.

Com a sua explicação de verdade como correspondência, Enéias não deixa dúvida: somente o pensamento com a sua intuição intelectual já é suficiente para que o sistema cartesiano seja portador de verdades que correspondam à realidade. Então, Enéias não pode aceitar aquilo que Guéroult diz sobre a intuição intelectual, a saber, que a intuição que eu tenho das coisas, por si só, não corresponde à realidade, na medida em que ela seria apenas subjetiva, mas justamente por não corresponder à realidade, carecendo, dessa forma, de uma realidade formal. E não poderia mesmo aceitar tal posição, na medida em que, para ele, o pensamento já é suficiente para conferir a objetividade de que a ciência precisa.

Então, por um lado, Guéroult pensa que o Eu Pensante tem efetivamente ideias das coisas, mas não pode produzir as substâncias, o que significa que Deus entra justamente para produzir tais substâncias. Por outro lado, Enéias pensa que o Eu Pensante tanto pode produzir as ideias das coisas, quanto as suas próprias substâncias; pois a intuição que eu tive de mim mesmo foi capaz de corresponder à realidade, por si própria. Isso significa, por espantoso que seja, que eu mesmo me dou a minha substância. E se eu me dou a minha substância, também ainda eu posso produzir a minha ideia.

De acordo com o que expusemos acerca do processo de criação do *cogito*, bem como de acordo com o que expusemos no primeiro capítulo de nosso trabalho, nossa interpretação caminha em direção diferente, tanto em relação a Guéroult, quanto em relação ao Enéias.

É certo que Descartes chega a dizer que eu produzo a ideia que tenho de alguma coisa, mas quer nos parecer que essa "produção" não existe no sentido próprio, pois Descartes volta a dizer, e nisto ele é muito claro, que essas ideias possuem uma origem, tanto quanto possui uma origem a substância de minhas ideias.

Por conseguinte, de acordo com o que expusemos até aqui, Deus não é apenas autor das realidades objetivas que constituem o conteúdo de minhas ideias, mas ele é também autor das minhas próprias ideias. Então, ele é tanto autor de minhas ideias, quanto de suas realidades objetivas. Pois, as ideias que tenho possuem uma origem, na medida em que não sou eu quem as produz, no sentido próprio da produção operada pela substância divina. Aliás, isso é uma das explicações mais claras e sem ambiguidades nos textos de Descartes:

> ...e ainda que possa ocorrer que uma ideia dê origem a uma outra ideia, isso todavia não pode estender-se ao infinito, mas é preciso chegar ao fim a uma primeira ideia, cuja causa seja um como padrão ou original, na qual toda a realidade ou perfeição esteja contida formalmente e em efeito, a qual só se encontre objetivamente ou por representação nessas ideias. De sorte que a luz natural me faz conhecer evidentemente que as ideias são em mim como quadros, ou imagens, que podem na verdade facilmente não conservar a perfeição das coisas de onde foram tiradas[107], mas que jamais podem conter algo de maior ou de mais perfeito...[108]

O que está em jogo aqui?

Primeiro, é preciso dizer que o que governa estas explicações de Descartes é o princípio de causalidade. Pois, por pequeno que seja este trecho, dado que ele é um trecho de um

---
107. Grifo nosso.
108. Descartes, op. cit., Tome II, p. 440-441.

parágrafo muito complexo e extenso da Meditação Terceira, ele dá conta do que expusemos até aqui, e vai de encontro ao que Guéroult e Enéias dizem. Vai de encontro, porque o princípio de causalidade explica que não pode haver um Eu Pensante que produz o seu *eu*, no sentido em que Deus o produz, como quer Guéroult; nem, também, este Eu Pensante pode tanto produzir este *eu*, quanto dar-lhe a sua objetividade, como deseja Enéias. Pois, ainda que eu possa produzir, isto é, representar-me enquanto ser pensante, chegará um momento em que descobrirei que na verdade a ideia que eu represento de mim, enquanto ser pensante, possui uma origem, mas esta origem não pode ser eu mesmo.

Porque, do ponto de vista da realidade formal, eu, enquanto efeito, tenho uma causa que é igual ou superior a mim mesmo. Mas, do ponto de vista da realidade objetiva, a situação muda um pouco. É certo que eu produzo a ideia que tenho de mim mesmo enquanto eu represento uma ideia de mim mesmo; isto é, dizer que eu produzo alguma ideia, por exemplo, eu enquanto ser pensante, é tecnicamente dizer que eu represento essa ideia. Mas, dizer que eu represento, não é, tecnicamente falando, dizer que eu produzo. Então, eu produzo uma representação, a representação de uma ideia, mas não produzo uma ideia que eu represento. Além disso, ainda do ponto de vista da realidade objetiva, 2 detalhes são importantes. O primeiro: a ideia é em mim por uma causa. O segundo: a ideia que eu produzo, isto é, que eu represento, tem X de realidade, mas este X tem uma causa, o que significa que a ideia é em mim "como quadros e pinturas".

Sendo assim, a exposição sobre a realidade formal existe para assegurar que eu mesmo não posso senão representar-me enquanto ser pensante. Apenas representar-me. Pois quando a exposição (do texto cartesiano) versa sobre a realidade objetiva, a realidade formal fica explicitamente exposta, como se antes ela nem precisasse ser exposta da maneira que foi. Por isso, nem pensar que eu poderia, no sentido próprio, produzir a minha ideia, ou a ideia da pedra, na medida em que eu sou igual a mim mesmo, e superior a pedra, talvez. Pelo contrário, a exposição sobre a realidade objetiva contempla, e bastante, a exposição sobre a realidade formal. É como se não adiantasse falar de uma realidade objetiva, se nessa realidade não se entende que há uma necessidade de realidade formal.

> De sorte que a luz natural me faz conhecer evidentemente que as ideias são em mim como quadros, ou imagens, que podem na verdade facilmente não conservar a perfeição das coisas de onde foram tiradas[109], mas que jamais podem conter algo de maior ou de mais perfeito[110].

Portanto, eu não posso, como Guéroult, dizer que Deus é autor da realidade formal de minhas ideias, como se a realidade objetiva fosse algo exclusivamente de minha responsabilidade. Pois, não é pelo motivo que acabamos de indicar. Nem também posso dizer, como Enéias, que tanto produzo, no sentido próprio, as minhas ideias, quanto também ofereço a realidade objetiva dessas ideias, pelo mesmo motivo acima.

Por conseguinte, se a precedência da substância divina é como nos parece ser, isto é, tão evidente como acabamos de ver, então, é preciso que seja necessária a ligação entre o meu ato de pensar, o próprio processo meditativo e essa substância divina; ou, em outros termos, é preciso que exista uma lógica que governe essa evidente ligação, de tal modo que não exista processo meditativo que me constitua sem uma necessária ligação desse processo com a substância divina. Então, como eu preciso ter essa certeza, examinarei, enquanto um ser pensante envolvido nesse processo, se há essa necessidade ou lógica.

---

109. Grifo nosso.
110. Descartes, op. cit., Tome II, p. 440-441.

3. A substância divina e o processo no qual o Eu Pensante se descobre — lógica ou necessidade dessa relação

O primeiro argumento. Antecedência. O primeiro grande argumento pelo qual podemos perceber que o texto cartesiano nos leva em direção à uma precedência da substância divina, em relação ao processo que me constitui como ser pensante, é quando ele diz as seguintes palavras:

> (...) a isso acrescentei que, dado que conhecemos algumas perfeições que não possuía, eu não era o único ser que existia (usarei aqui livremente, se vos aprouver, alguns termos da Escola); mas que devia necessariamente haver algum outro mais perfeito, do qual eu dependesse e de quem eu tivesse recebido tudo o que possuía[111](...).[112]

O ser do qual eu acabei me persuadindo de sua existência não apresenta as características de um ser que me sucede, mas, pelo contrário, ele me antecede e isto se explica quando a) eu desconfio que eu sou acompanhado por alguém que tem íntima relação com as perfeições que, embora conheça, não as possuo: "(...) a isso acrescentei que, dado que conhecemos algumas perfeições que não possuía, eu não era o único ser que existia (...)"[113]. Pois, neste caso, torna-se necessário existir outro ser e, portanto, b) eu passo a me persuadir de sua existência, tamanha é a necessidade aqui, a saber, eu já sei da existência de algumas perfeições e essa existência só tem sentido de ser se elas reenviam a algo capaz de fazê-las existirem, mas é justamente essa necessidade que me leva a entender que

---

111. Grifo nosso.
112. Descartes, op. cit., Tome I, p. 606.
113. Ibidem.

desse Ser eu dependo e dele eu recebi o que possuo: "(...) mas que devia necessariamente haver algum outro mais perfeito, do qual eu dependesse e de quem eu tivesse recebido tudo o que possuía (...)"[114]. Neste caso (a, b), como eu já posso pensar de maneira lógica[115] não apenas num Ser mais perfeito do que eu, mas também posso pensar que Ele me dá o que possuo, então, eu já posso intuir a existência de uma precedência da substância divina em relação não apenas ao meu ato de pensar, mas também a todo o processo meditativo em torno do qual eu cumpro o meu ato de pensar.

Ora, instala-se, dessa forma, uma necessária relação entre mim, que penso, o processo meditativo pelo qual eu cumpro o meu ato de pensar e a substância divina, que fornece não apenas o meu ser pensante, mas o próprio processo pelo qual eu me realizo como tal. Isso significa que, do meu ato de pensar, que acontece no processo meditativo, não pode ser excluída a substância divina, sendo um ser fundamental para o processo constitutivo do meu ser pensante. Pois, nessas condições essa substância divina é importante para o processo meditativo em que eu me descubro, porque ela fornece esse processo meditativo e o meu próprio ser pensante.

Na verdade, o ideal é dizer que é impossível pensar naquilo que me constitui, se isto não tem como essência maior a substância divina. "Essência maior", isto é, eu não apenas sei que meu poder de pensar se origina da substância divina, mas também sei agora que eu duvidei pela força da substân-

---

114. Ibidem.
115. O texto cartesiano que estamos analisando deixa a entender que lógica equivale a necessidade. Portanto, algo será necessário quando apresentar uma lógica. Por exemplo, é lógica a relação entre mim, o processo pelo qual eu sou criado, e a substância divina, na medida em que da substância divina dependem eu e o processo pelo qual eu sou criado. Este, porque, como tudo no sistema cartesiano, se origina na substância divina; eu, pelo mesmo motivo que o processo que me constitui. Ora, se é assim, é necessário que haja essa relação, na medida em que nada pode provar o contrário.

cia divina. Mas, nela está a dúvida? Não, nela não está a dúvida, pois ela não tem carência, mas porque nela está o meu potencial para a verdade. É porque eu, enquanto ser pensante, busco a verdade, que duvido. Então, o que é, na substância divina, a força para a dúvida? É a força para escolher uma maneira de buscar a verdade. Se eu sou uma coisa que pensa, e, por isso, tenho um poder de escolha, então, ao me constituir, a substância divina inclui em mim o poder de escolher a dúvida como caminho para encontrar a verdade. É aí que está, na substância divina, a força para dúvida. Então, aqui, dúvida é método. Por conseguinte, eu recebo esse método da substância divina, na medida em que ele está essencialmente em mim. Ora, *eu* sou fruto da substância divina. Nesse caso, o método do qual eu faço uso não é mais do que um fruto da substância divina, tanto quanto *eu* o sou.

Nestas condições, eu examinei como que eu posso pensar logicamente, ou necessariamente, numa precedência da substância divina em relação ao processo que me constitui: eu penso nessa precedência, porque pude intuir que essa substância deveria necessariamente existir, mas, ao mesmo tempo em que existia, ela fornecia o meu ser e o processo no qual eu me realizo como ser pensante. E por que ela necessariamente existe para mim, senão porque eu me dei conta da existência de algumas perfeições que, embora passasse a conhecê-las, todavia, não as possuía? Esta parece ser uma forte explicação que eu encontro para dizer que recebo o meu ser e o processo no qual eu me realizo a partir da substância divina que precede a mim e a esse processo.

Mas, o fato de existir um ser que possui as perfeições que eu apenas conheço sem, todavia, possuí-las, pode me levar a intuir algo mais, e é isso que agora deverei examinar. E até já poderia fazer essa intuição, mas em obediência ao método, que é a descoberta pela análise, então é preferível, antes de mais nada, fazer essa análise, que diz respeito a um segundo argumento.

Segundo argumento. Não existe *Eu Pensante* e nem processo meditativo sem substância divina. Um segundo argumento que eu encontro para dizer que é lógica a precedência da substância divina em relação a mim enquanto substância criada, se encontra no Discurso do Método nestes termos:

> (...) pois, se eu fosse só e independente de qualquer outro, de modo que tivesse recebido, de mim próprio, todo esse pouco pelo qual participava do Ser perfeito, poderia receber de mim, pela mesma razão, todo o restante que sabia faltar-me, e ser assim eu próprio infinito, eterno, imutável, onisciente, todo-poderoso, e enfim ter todas as perfeições que podia notar existirem em Deus (...).[116]

Aqui eu nego categoricamente a minha independência. Portanto, todo o pouco pelo qual eu participo do Ser não recebi de mim próprio e nem do próprio processo meditativo. Isto é, se eu tivesse recebido de mim o menos, sendo eu independente de todo outro ser, poderia receber também o mais e ser um Ser perfeito com S maiúsculo. Ora, se eu não sou um Ser perfeito, mas simplesmente um ser, com s minúsculo, então não posso me dar o menos, mas se não posso me dar o menos, não posso me constituir, pois o menos do qual falo aqui consiste em saber da existência do Ser perfeito e em ser constituído pelo processo meditativo. Este é o pouco pelo qual eu participo do Ser perfeito.

Nesse caso, temos uma boa explicitação daquela necessidade de que já falamos acima, isto é, a necessidade que liga o processo meditativo e o *eu*, enquanto ser pensante, à substância divina. Pois, qual é o pouco do qual falamos aqui? O

---
116. Descartes, op. cit., Tome I, p. 606-607.

"pouco", pelo qual eu participo do ser, é não apenas a minha natureza de ser pensante, mas é também tudo o que eu alcancei no percurso meditativo, na medida em que participar do Ser, aqui neste sentido em que Descartes fala, é ser alguma coisa. Ora, o que eu sou, exatamente no sentido da Meditação Segunda, senão uma coisa que pensa? Mas o que uma coisa que se descobriu como coisa que pensa, pensa? Toda a ocupação do meu pensamento reside exatamente: a) em todo aquele processo pelo qual eu duvidei, b) na descoberta de mim mesmo como espírito humano e, c) em descobrir que Deus existe. É esta toda a matéria da ocupação do meu ato de pensar no momento em que eu me constituo como ser pensante, e que Descartes reexpõe logo no início desta Quarta Parte do Discurso do Método. Sendo assim, se é esse o pouco pelo qual eu participo do Ser perfeito, e se esse "pouco" eu recebi desse Ser perfeito, então o percurso meditativo foi retirado dele também, embora o ato de meditar caiba a mim que, como vimos, é fornecido por Ele[117].

Desta forma, eu me constituo sob a força da precedência da substância divina, da qual, aliás, eu retirei toda a minha constituição: "(...) mas que devia necessariamente haver algum outro mais perfeito, do qual eu dependesse e de quem eu tivesse recebido tudo o que possuía (...)"[118]. Pois, como vimos, o processo meditativo que me constitui como ser capaz de meditar só se faz processo porque todo o seu ser reside neste Ser perfeito, mas é exatamente por isso que eu retiro daí tudo

---

117. Cf. O primeiro argumento: se eu recebo o meu ser da substância divina, e se este ser consiste em ser um poder de pensar, então eu posso buscar a verdade por meio desse poder. Ora, eu escolho a dúvida inicialmente como mecanismo. Neste caso, a dúvida foi uma escolha, mas essa escolha é uma característica do meu ser pensante. Logo, como esse ser eu o recebo da substância divina, então essa característica eu também recebo dela. Por conseguinte, o método da dúvida é fruto da substância divina, na medida em que ele é um exercício de uma característica do meu ser pensante.
118. Descartes, op. cit., Tome I, p. 606.

o que eu sou: uma *res cogitans*. Sendo assim, eu não sou se não for por meio de um processo que reside numa substância que é mais perfeita que eu enquanto substância que sou. Então, é necessário dizer que muito antes de eu meditar e, portanto, de me descobrir como um ser que pensa, toda a meditação e todo o meu ser já estava neste Ser perfeito. Ora, onde reside o processo meditativo e onde eu me constituo? O processo meditativo reside neste Ser perfeito e é neste processo que eu me constituo. Logo, antes de me constituir no processo meditativo, eu me constituo no Ser perfeito, que é o Ser que constitui o processo meditativo.

Ora, isso significa que o que chamamos de processo meditativo ou, para citar 2 comentadores, "processo constitutivo do *cogito*", no dizer de Enéias[119], e "processo institutivo", no dizer de Guéroult[120], é, na verdade, um processo que também é "constituído" e "instituído" em algo, a saber, exatamente naquela relação necessária que liga o Eu Pensante e esse processo à substância divina. Pois, como vimos, tal processo só se faz processo se ele sai, por assim, dizer, da substância divina, bem como eu só me torno um ser que pensa se este meu ser pensante sai da substância divina. Portanto, a lógica ou a necessidade que liga aquilo que sou àquilo que me faz ser o que sou é uma só: a precedência da substância divina em relação a tudo quanto possa ser alguma coisa, inclusive eu e o processo que me constitui como ser que pensa.

Pois bem, se no primeiro argumento eu descobri a necessária existência de uma substância que possuía todas as perfeições que eu somente conhecia, aqui neste segundo argumento eu acabo de examinar o momento em que eu me

---

119. Forlin, *O papel da dúvida metafísica no processo de constituição do cogito*.
120. Guéroult, op. cit., p. 52-3 ("... esta característica é atestada pelo fato de que o *cogito* se institui, não a partir do pensamento de alguma coisa, mas a partir da dúvida que faz abstração dos conteúdos em si mesmos para não mais deixar subsistir senão o fato de se representar ou de pensar...").

conscientizo de que eu e o processo meditativo dependemos e somos ambos constituídos justamente por essa substância divina, o que significa que, irrevogavelmente, existe uma ligação necessária entre mim, todo o aparato meditativo e a substância divina. Pois, isto é assim porque neste segundo argumento do texto cartesiano eu descubro que não posso nem me dar o menos e nem o mais e, por isso mesmo, eu devo necessariamente depender de outro ser. Mas, este segundo fato me leva a pensar exatamente em quê? Isto é, se eu e o aparato meditativo somos constituídos pela substância divina, o que se segue daí? Temos aí um terceiro argumento que pode nos ajudar a responder essa pergunta.

O terceiro argumento. Novamente a antecedência. Diz o texto cartesiano:

> (...) Pois, segundo os raciocínios que acabo de fazer, para conhecer a natureza de Deus, tanto quanto a minha o era capaz, bastava considerar, acerca de todas as coisas de que achava em qualquer idéia, se era ou não perfeição possuí-las, e estava seguro de que nenhuma das que eram marcadas por alguma imperfeição existia nele, mas que todas as outras existiam. Assim, eu via que a dúvida, a inconstância, a tristeza, e coisas semelhantes não podiam existir nele, dado que eu próprio estimaria muito estar isento delas (...).[121]

Aqui existe uma amostra de que no conhecimento de todas as coisas a substância divina tem precedência, na medida em que somente ela está isenta de qualquer problema:

> (...) Assim, eu via que a dúvida, a inconstância, a tristeza, e coisas semelhantes não podiam existir nele, dado que eu próprio estimaria muito estar isento delas (...).[122]

---

121. Descartes, op. cit., Tome I, p. 607.
122. Ibidem.

Assim, nem mesmo o conhecimento matemático pode ser tido como uma certeza capaz de superar qualquer obstáculo, pois, como a dúvida universal provou, no mais simples problema geométrico eu posso me enganar, mas nunca eu errarei ao dizer que em Deus está toda a perfeição e de que aquilo em que existe a menor imperfeição não pode constituir a sua natureza. Entre uma coisa e outra, a única impossibilidade que eu tenho de não errar existe em relação à substância divina, mas não é assim em relação às matemáticas, pelo motivo que acabamos de apresentar. Mas, a dúvida universal provou, por outro lado, que *eu*, enquanto ser pensante, sou superior às matemáticas[123]. Por conseguinte, entre as matemáticas e *eu* é mais fácil que eu erre em relação àquelas.

De qualquer modo, é muito certo que o meu ato de pensar acerca de qualquer coisa seja certo, pois é impossível que eu não pense, mesmo quando eu duvido que existo (cf. início da Meditação Segunda), mas daí não se segue que o que eu penso sobre algo, diferente de mim, seja certo, e isso também ficou provado pela força do raciocínio da dúvida universal, pois o percurso apenas possibilitou descobrir-me como um ser para a ciência, mas não me deu a ciência (cf. início da Meditação Terceira). Porque quando chega o momento de eu verificar o que é requerido para estar certo de algo, mesmo a minha descoberta como ser pensante, isto é, mesmo *eu* e a regra da qual sou tributário, entramos em colapso (cf. início da Meditação). Porquanto, o que realmente é certo aqui é apenas um fato, que, aliás, é destituído de direito, porque esse direito só virá com a Meditação Terceira.

Por que eu e a regra geral entramos em colapso? Porque nem eu e nem a regra geral somos suficientes para garantir a certeza de alguma coisa: eu tenho o poder de conhecer, a

---

123. Isto é, enquanto eu escapo à dúvida na condição de verdade, com as matemáticas não aconteceu o mesmo. De qualquer modo, conferir, dentre as notas explicativas na introdução, a que fala sobre isso.

regra é um critério de verdade, mas nem em mim e nem na regra está a verdade de alguma coisa, pois nos falta o direito. Como eu preciso examinar o que é necessário para estar certo de algo, então suspendo a certeza sobre a minha existência e sobre a regra que acabei de estabelecer, e passo a examinar se existe realmente um Deus e, caso ele exista, se ele pode ser enganador, porque é a partir daí que eu adquirirei o direito. Ora, sem isso eu ainda tenho que haver com uma força que me impede de acreditar inteiramente na verdade sobre a minha existência, pois nem mesmo posso extrapolar esse conhecimento que adquiri sobre mim, na medida em que essa força é, ainda, inteiramente a força da dúvida universal,

> mas, a fim de poder afastá-la inteiramente, devo examinar se há um Deus, tão logo a ocasião se apresente; e, se achar que existe um, devo também examinar se ele pode ser enganador: pois, sem o conhecimento dessas duas verdades, não vejo como possa jamais estar certo de alguma coisa[124].

Há uma distância entre o que eu penso e a verdade sobre o que eu penso e, como acabamos de mostrar, essa distância também existe no caso das matemáticas, mas não no caso da substância divina. Pelo contrário, somente nela reside a verdade de alguma coisa ("pois, sem o conhecimento dessas duas verdades, não vejo como possa jamais estar certo de alguma coisa"[125]).

Destarte, entre as matemáticas, o *cogito* e a substância divina, somente esta carrega em si a certeza incondicional. Pois, se eu digo que esta é perfeita, é impossível que ela não seja, dado que eu sou constrangido, por força da necessidade, a descobrir que ela é perfeita. Onde, então, reside a necessida-

---
124. Descartes, op. cit., Tome I, p. 433.
125. Ibidem.

de? Reside no fato de que basta que eu me descubra como ser pensante, como alguém que duvidou para ter a certeza de que existe uma substância superior a mim e, necessariamente, que ela é perfeita (cf. Meditação Terceira). Ora, esse conhecimento é imediato[126], para não dizer necessário, e eu somente me flagro em pleno mar dessa necessidade, tamanha é a sua evidência. E, o que é muito significativo, em relação ao conhecimento do que sou não se dá essa imediatez, embora exista necessidade, pois eu só me descubro como coisa que pensa a partir de um longo percurso meditativo, e por aí eu tenho a necessidade do conhecimento de mim mesmo, mas mesmo tendo-me conhecido um pouco ainda não tenho garantia de que eu seja uma *res cogitans*, o que me tira a imediaticidade sobre o meu conhecimento. No entanto, a certeza sobre a existência de Deus já existe desde a Meditação Primeira, se é certo que para saber que duvido eu precisaria ter em mim a ideia desse ser perfeito (cf. início da Meditação Terceira), o que significa que a necessidade aqui é imediata.

Todavia, mesmo que essa imediatez seja fundamental, nem é tanto essa a questão. Pois, o fato maior que faz da substância divina um conhecimento mais certo que todos e, por conseguinte, que a faz ter precedência em relação às outras substâncias, é realmente a sua natureza:

> (...) Assim, eu via que a dúvida, a inconstância, a tristeza, e coisas semelhantes não podiam existir nele,

---

126. Por que usar o termo "imediato [imediatez ou imediaticidade]"? Para exprimir a necessidade daquilo que foi intuído pelo espírito, mas justamente trata-se de uma necessidade tal que a sua evidência não deixa margem para qualquer investigação suplementar. Melhor ainda: Deus é perfeito e essa verdade só depende de si próprio. Não há, pois, uma mediação para que essa verdade seja garantida. Mas não se dá assim com o *cogito*, porque é necessário uma garantia divina para *penso, logo existo*, mesmo que se diga que esse saber seja claro e distinto. Por conseguinte, a imediatez só é possível no caso da substância divina.

> dado que eu próprio estimaria muito estar isento
> delas (...).[127]

Daí porque seja necessária a ligação tanto do processo meditativo, quanto de mim, enquanto ser pensante à substância divina. E justamente isso atesta que eu posso até ser um princípio de conhecimento, mas, mesmo assim, sou constrangido a aceitar que eu nunca conheço sem que eu esteja constantemente de posse do princípio verdadeiramente primeiro pelo qual eu posso me assegurar de alguma coisa. Princípio do qual, aliás, não somente eu, mas tudo o mais recebeu o seu ser.

Esta conclusão é possível porque este terceiro argumento mostrou quão é perfeito o ser da substância divina, mas que eu não estou isento de algumas coisas que possuem alguma imperfeição, como é o caso da tristeza, do ódio, etc. Por sua vez, essa conclusão me leva a pensar exatamente em quê? Isso me leva a examinar um quarto argumento em favor da precedência da substância divina.

Quarto argumento. Ligação entre *Eu Pensante*, processo meditativo e esubstância divina. E podemos observar outro argumento do texto cartesiano em favor daligação entre o *Eu Pensante*, processo meditativo e substância divina:

> (...) além disso, eu tinha ideias de muitas coisas sensíveis e corporais; pois, embora supusesse que estava sonhando e que tudo quanto via e imaginava era falso, não podia negar, contudo, que as ideias a respeito não existissem verdadeiramente em meu pensamento; mas, por já ter reconhecido em mim muito claramente que a natureza inteligente é distinta da corporal, considerando que toda a composição testemunha dependência, e que a dependência é manifestamente um defeito, julguei por aí que não podia ser uma perfeição em Deus o ser composto dessas duas naturezas, e

---
127. Descartes, op. cit., Tome I, p. 607.

> que, por conseguinte, ele não o era, mas que, se havia alguns corpos no mundo, ou então algumas inteligências, ou outras naturezas, que não fossem inteiramente perfeitos, o seu ser deveria depender do poder de Deus, de tal sorte que não pudessem subsistir sem ele um só momento[128].

Aqui a ligação nos parece inegável pelos motivos que apresentaremos a seguir.

Dentre as ideias que eu opero no processo de representação constam também aquelas de coisas inteiramente imperfeitas que jamais poderiam fazer parte do ser da substância divina, que são as ideias de coisas sensíveis e corporais. Todavia, esse processo de representação jamais pode independer da substância divina, mesmo que nele se representem ideias que denotem composição. Mas, esse argumento é mais forte do que isso. Pois, aqui ele evoca diretamente a doutrina da criação continuada para dizer que eu e esse processo de representação somos totalmente dependentes do poder que essa substância tem de me sustentar e me produzir a todo o instante no tempo. Isso se explica porque o tempo nem existe como tal, pois é descontínuo e, por isso mesmo, sem uma configuração sensível, isto é, sem que possamos de fato conceber e projetar diante de nós uma extensão de tal modo que podemos nos deslocar o tempo todo. Uma extensão que, justamente por podermos nos movimentar, já estaria nela incluído o próprio tempo, pois o deslocar já pressupõe o tempo, na medida em que eu me desloco com a conveniência do instante, segundo, minuto, etc.

Assim, não haveria necessidade alguma de uma substância que tivesse o poder de nos criar continuamente, dado que pelo fato de transitarmos nesse tempo, a nossa conservação já estaria aí dada. Isso é necessário, pois eu ainda não sei se

---
128. Descartes, op. cit., Tome I, p. 607.

esse tempo existirá e, mesmo que ele não passe a existir, eu posso me manter com a conveniência da substância divina. E, mesmo que ele passe a existir, eu ainda serei totalmente dependente dessa criação continuada. Nesse caso, do ponto de vista da minha representação, mas também do ponto de vista do processo meditativo, o papel da substância divina é uma condição *sine qua non*, pois a operação que eu devo fazer depende inteiramente desse poder criador contínuo das coisas. Por conseguinte, eu, que opero (represento) no processo meditativo, também dependo inteiramente desse poder.

Vê-se, por aí, que é impossível uma separação entre o *Eu Pensante* e a substância divina. Afinal, sem essa substância como eu haveria de subsistir, dado que, igualmente a todas as outras coisas, também dependo dessa criação continuada? Mas se eu dependo dessa criação para subsistir, mais ainda depende o processo meditativo, pois não há processo meditativo se eu não existo enquanto princípio de conhecimento. Por conseguinte, o poder de criar continuamente tudo, incluindo aí eu e o processo que me revela, não pode deixar de preceder a todo instante em que eu estiver operando nesse processo no qual eu me descubro como ser pensante.

Mas, se é assim, não se trata de unir apenas para dizer que dessa substância eu somente retiro a garantia para a verdade das coisas. Não é apenas isso, pois ela se nos revela aqui parte preponderante desse processo meditativo, na medida em que eu somente opero se nesta operação está também a ação dessa substância, porque desta ação depende a minha subsistência no tempo e no espaço, bem como a subsistência do processo meditativo. Nesse caso, é uma união, mas, mais do que união, trata-se de dizer que essa substância possui uma precedência. Do contrário, não teria sentido falar de uma criação continuada.

É nestes termos que entendemos a presença de uma lógica justificando uma necessária relação entre o processo no qual eu me descubro como ser pensante e a atuação da substância divina como parte preponderante deste processo.

E, assim, podemos concluir o exame da relação entre a substância divina, eu, enquanto ser pensante, e o processo no qual eu me descubro como tal. Isto é, a Quarta Parte do Discurso do Método nos oferece, de acordo com o que investigamos, esta relação, na qual nos pareceu fortemente que a substância divina tem precedência em relação tanto ao processo no qual eu apenas me descubro como ser pensante, bem como tem precedência em relação a mim, eu que sou o ser pensante.

Por conseguinte, o nosso esforço no primeiro capítulo da nossa investigação repousa, em primeiro lugar, aqui neste Capítulo III, na análise dessa relação e, portanto, nessa precedência, que aparece em vários textos cartesianos associados com o processo da dúvida, dentre eles essa Quarta Parte do Discurso do Método. E já que nessa Quarta Parte do Discurso constatamos, em nosso entender, essa precedência da substância divina, seria possível reencontrá-la em alguma parte da Meditação Terceira? Podemos desde já fazer essa investigação, mas isso faremos em um terceiro capítulo.

Capítulo 3

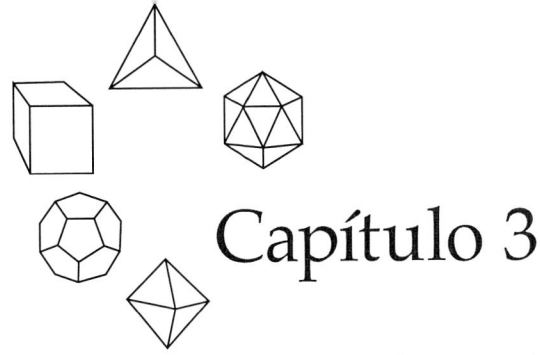

A relação entre substância divina e o *cogito* na Meditação Terceira

1. Três grandes detalhes

Podemos começar pelo começo, isto é, pelo primeiro parágrafo da Meditação Terceira:

> fecharei agora os olhos, tamparei meus ouvidos, desviar-me-ei de todos os meus sentidos, apagarei mesmo de meu pensamento todas as imagens de coisas corporais, ou, ao menos, uma vez que mal se pode fazê-lo, reputá-las-ei como vãs e como falsas; e assim, entretendo-me apenas comigo mesmo e considerando meu interior, empreenderei tornar-me pouco a pouco mais conhecido e mais familiar a mim mesmo. Sou uma coisa que pensa, isto é, que duvida, que afirma, que nega, que conhece poucas coisas, que ignora muitas, que ama, que odeia, que quer e não quer, que também imagina e que sente. Pois, assim como notei acima, conquanto as coisas que sinto e imagino não sejam talvez absolutamente nada fora de mim e nelas mesmas, estou, entretanto, certo de que essas maneiras de pensar, que chamo de sentimentos e imaginações somente na medida em que são maneiras de pensar, residem e se encontram certamente em mim. E neste pouco que acabo de dizer creio ter relatado tudo o que sei verdadeiramente, ou, pelo menos, tudo o que até aqui notei que sabia[129].

---

129. Descartes, op. cit., Tome II, p. 430.

No que diz respeito a questão que nos envolve, cabe apontar 3 detalhes importantes deste trecho que acabamos de citar.

O primeiro detalhe digno de nota é que Descartes inicia esta Meditação Terceira fazendo declarações inerentes à Meditação Primeira, retornando, dessa forma, a essa Meditação. Pois, novamente os sentidos, o corpo, etc., são encarados como falsos.

> fecharei agora os olhos, tamparei meus ouvidos, desviar-me-ei de todos os meus sentidos, apagarei mesmo de meu pensamento todas as imagens de coisas corporais, ou, ao menos, uma vez que mal se pode fazê-lo, reputá-las-ei como vãs e como falsas[130].

Portanto, temos a seguinte situação: eu trago a discussão da Meditação Primeira para a Meditação Terceira, e esta comunicação entre as 2 Meditações não é gratuita, pois ela só ocorre porque as questões que eu acabei de reapresentar ainda não foram solucionadas. Portanto, é natural que eu faça a seguinte indagação: é possível resolvê-las aqui nesta nova etapa do processo meditativo ao qual eu estou empenhado, ou simplesmente eu as reapresento sem nenhum propósito? Só uma coisa no momento é correta afirmar: são questões que precisam ser resolvidas, pois até mesmo a Meditação Segunda, na qual eu intuí que era uma coisa pensante, não fui capaz de resolvê-las. E não foi porque ela não tem o direito suficiente para tal resolução. Nesse sentido, se não foi possível resolver na Meditação Primeira e nem na Meditação Segunda, é preciso entender que esta Meditação Terceira potencialmente talvez seja capaz de resolver tais questões. Ela até pode não chegar a efetivar tal resolução, mas por enquanto, não podemos decidir.

O segundo detalhe é que Descartes também relaciona a Meditação Segunda à esta Meditação Terceira. Neste sentido,

---
130. Ibidem.

o que eu consegui como resultado do meu esforço intelectual, imediatamente remeto ao meu próximo passo do processo meditativo. Se faço isto é por conta de que este resultado, isto é, o fato de que eu sou puro pensamento, tem uma forte relação com a minha próxima empreitada. E tanto tem essa relação que eu me inicio na Meditação Terceira expondo um grande desejo, a saber, o desejo de me descobrir ainda mais. Mas, não apenas me descobrir mais, como também resolver algo pendente sobre a minha atual situação. Dessa forma, não se trata simplesmente de recapitular as Meditações precedentes só para ajudar o leitor a não esquecer o que foi discutido antes, mas trata-se de trazer as questões que estas Meditações discutiram sem, todavia, poderem resolvê-las. Pois, aqui, na Meditação Terceira, como nas outras subsequentes, talvez seja o lugar de resolver tais questões, que tanto a Primeira, quanto a Segunda, não poderiam jamais resolver. Aliás, eu exponho este desejo no início do primeiro parágrafo:

> fecharei agora os olhos, tamparei meus ouvidos, desviar-me-ei de todos os meus sentidos, apagarei mesmo de meu pensamento todas as imagens de coisas corporais, ou, ao menos, uma vez que mal se pode fazê-lo, refutá-las ei como vãs e como falsas; e assim, entretendo-me apenas comigo mesmo econsiderando meu interior, empreenderei tornar-me pouco a pouco mais conhecido e mais familiar a mim mesmo[131].

O que se segue daí?

Segue-se que se eu me inicio numa nova reflexão problematizando os meus próprios desejos, e se estes dizem respeito ao conhecimento de mim mesmo, então a solução disso talvez esteja nessa nova reflexão. É nela que residem as respostas às minhas novas indagações. Se, portanto, mi-

---
131. Descartes. Op. Cit., Tome II, p. 430.

nha nova reflexão tem como tema a existência de Deus, então, necessariamente, é neste tema que busco conhecer mais a mim mesmo, como também resolver as minhas pendências outras. Por conseguinte, a substância divina é agora a minha próxima estação. Este é o segundo detalhe, mas o chamamos de detalhe para dizer que qualquer detalhe no texto cartesiano é monumento.

O terceiro detalhe é que eu não me contento em buscar algo mais sobre mim mesmo, mas eu ainda ponho em xeque o próprio resultado que consegui na minha segunda reflexão. Não se trata de anulação, mas apenas de pôr em questão ("e neste pouco que acabo de dizer creio ter relatado tudo o que sei verdadeiramente, ou, pelo menos, tudo o que até aqui notei que sabia"[132]). Então, se eu ponho em xeque os meus resultados, e se faço isto justamente no interior de uma nova reflexão, é porque estes resultados precisam passar pelo crivo desta minha nova reflexão. Por conseguinte, se agora a reflexão tem como tema a existência de Deus é porque eu atrelo os meus resultados à existência de Deus. De fato, as últimas palavras que eu pronuncio são indicadoras de que realmente eu ponho em xeque os meus resultados ("ou, pelo menos, tudo o que até aqui notei que sabia"[133]). E este é o terceiro detalhe que encontramos neste início da Meditação Terceira.

Ou seja, o meu discurso inicial torna muito claro qual é o tema desta minha nova reflexão, mas também quais são os meus desejos: eu necessito provar que Deus existe, para saber se os meus resultados são verdadeiros. Contrariando as afirmações de Guéroult e de Enéias, podemos dizer que não bastou, portanto, ter refletido que eu era uma coisa pensante, isto é, o meu ato de pensar não foi suficiente para me constituir como ser pensante. Tanto é assim que, neste momento, eu me flagro na imensa necessidade de, não apenas pesquisar ainda

---

132. Ibidem.
133. Ibidem.

mais o que eu sou, mas de submeter os meus resultados, isto é, o que eu já sou, à existência de Deus.

Ainda, a título introdutório, é possível percebermos uma questão da precedência divina em relação *Eu Pensante*.

No segundo parágrafo desta Meditação Terceira, eu me revelo mais ainda dependente da existência de Deus, na medida em que dele faço declarações capazes de traduzir o grau desta dependência:

> agora considerarei mais exatamente se talvez não se encontrem absolutamente em mim outros conhecimentos que não tenha ainda percebido. Estou certo de que sou uma coisa pensante; mas não saberei também, portanto, o que é requerido para me tornar certo de alguma coisa? Nesse primeiro conhecimento só se encontram uma clara e distinta percepção daquilo que conheço; a qual, na verdade, não seria suficiente para me assegurar de que é verdadeira se em algum momento pudesse acontecer que uma coisa que eu concebesse tão clara e distintamente se verificasse falsa. E, portanto, parece-me que já posso estabelecer como regra geral que todas as coisas que concebemos muito clara e muito distintamente são todas verdadeiras.[134]

É certo que neste momento eu estou de posse da noção do conhecimento claro e distinto, pois eu verifiquei que, pensando, podia decidir, por meio desse ato de pensar, que existia, mas justamente esta decisão era uma percepção clara e distinta de mim mesmo. E em que consiste exatamente esta percepção? Eu opero uma série de dúvidas, indo da natural e chegando até à metafísica. Elas possuem a incumbência de duvidar do método de conhecer escolástico, que consistia em partir do particular para alcançar algum conhecimento. Portanto, a "base" é a base do conhecimento. As matemáticas também

---

134. Descartes, op. cit., Tome II, p. 430-1.

estão nesse momento em questão, pois elas dependem unicamente do meu poder de raciocínio, sem qualquer outro fundamento. O resultado disso é que o caminho metodológico que eu construí para duvidar das coisas, possibilitou-me provar que elas possuem um princípio de conhecimento frágil, tão frágil que, se dependerem deste princípio, serão eternamente falsas. Não por elas mesmas, mas justamente por causa desse princípio.

No entanto, nem mesmo pelo fato de eu ter me incluído como objeto dependente do método escolástico de conhecimento, quando eu disse que não existia corpos algum e nem sentido algum e, portanto, eu não passava de uma ilusão do gênio maligno, eu pude confirmar essa inclusão. Isto é, só na medida em que eu era um ser pensante, não podia depender destes princípios de conhecimento de que se servia a Escolástica, pois o pensamento mesmo, ou seja, eu mesmo nunca sou como os outros objetos, se tenho o poder de duvidar dos sentidos, dos corpos, da matemática, de Deus e de mim mesmo. Nesse sentido, eu também escapo à dúvida, pois esta só podia pôr em xeque o que não possui esse poder. Portanto, *cogito, ergo sum*[135].

---

135. Curley tem a seguinte interpretação do cogito: "é por isso que "existo" sobrevive à dúvida sistemática. Estabeleça qualquer hipótese cética que quiser — que sou enganado por meus sentidos, que estou sonhando, que sou enganado por um demônio onipotente ou qualquer outra que possa imaginar. Cada uma dessas hipóteses envolve, de uma forma ou de outra, a suposição que estou pensando. E deve envolver essa suposição se ela for explicar como meu pensamento pode ser errôneo, e assim satisfizer as condições para ser uma base lógica de dúvida. Mas essa suposição implica em minha existência. Então "existo" é inferido a partir de "penso". Mas "penso" não é uma premissa de uma prova. É, ao invés disso, um elemento essencial em qualquer hipótese que possa lançar uma dúvida lógica em minha existência. O *cogito* não suscita questões porque "existo" não é uma conclusão de uma prova. Não é inferido de premissas que Descartes precisa ter qualquer responsabilidade por defender como premissa que ele sabe que são verdadeiras. É um primeiro princípio que Descartes aceita, como

Todavia, o que realmente escapa à dúvida? *Eu*, enquanto ser epistemológico, ou *eu*, enquanto um fato, que é simplesmente um fato, desprovido de qualquer fazer científico? Ora,

---

ele diz em Discours, "sem escrúpulos", pois ele vê "que todas as suposições mais exageradas dos céticos não são capazes de balançá-las" (AT VI, 32; HR I, 101)... "(Curley, 1978, p. 86). Aqui o comentador mostra, a partir do texto cartesiano, que a base de verdade para a sustentação da verdade do *cogito* reside exatamente no "penso". Dessa forma, a existência é apenas uma constatação dessa verdade que, em seu entender, não precisa ser encarada como uma premissa. Pois, diz ele, qualquer suposição cética não seria capaz de pôr em dúvida o termo "penso", na medida em que "penso" reside em qualquer situação que se possa imaginar. Dessa forma, por exemplo, se eu sonho também estou pensando, se simplesmente durmo, também estou pensando. Enfim, seja qual for a situação, o pensamento estará presente. Nestes termos, o "penso" (cogito) é um primeiro princípio que suporta qualquer objeção cética. Daí porque ele pode ser a base segura para garantir que existo. Logo, existo pode ser realmente uma verdade, na medida em que existo por um princípio que não pode ser objetado. Mas, em relação ao fato de que penso seja uma base lógica segura que possa suportar qualquer objeção cética, isto não é nenhum problema. De fato, se, como diz Curley, penso reside em qualquer situação como as que ele mesmo nos mostra, não temos razão para discordar em relação a isso. A questão, todavia, é que o simples poder que eu tenho de conhecer é infinitamente insuficiente para me assegurar que eu mesmo sou verdadeiro (pretendemos mostrar isso no decorrer desta breve análise da primeira prova da existência de Deus). Daí, portanto, é insuficiente para me assegurar de outras coisas. Essa base lógica que Curley nos mostra de maneira genial existe realmente no texto cartesiano, mas ela mesma se mostra insuficiente. Ela própria, isto é, a "base lógica" de que Curley fala, acaba esbarrando num grande obstáculo tão lógico quanto ela: se é lógico que existo porque penso, é também lógico que penso porque sou criado continuamente, sem interrupção, sem que um só momento eu possa pensar sem essa criação contínua. Pois, se penso é um poder essencial que eu tenho, eu só posso pensar se um princípio, muito anterior, me deu este poder. É impossível falar do "penso", se não tenho em mente a precedência de uma substância que possibilitou este pensar. Então, se existe uma base lógica em "penso", capaz de barrar qualquer objeção cética, mais ainda existe em mostrar que Deus existe. Nesse sentido, antes de ser verdade que penso seja verdade, é preciso que a substância divina seja verdadeira. Sendo assim, o *cogito* está muito longe de não suscitar questões.

o que é realmente certo no ato da minha descoberta é que *eu* certamente era alguma coisa, mas aqui não está incluído um ser capaz de fazer ciência, mas apenas um fato que, aliás, deverá ser confirmado pela substância divina. Caso contrário, de nada adiantará que eu esteja certo de que sou alguma coisa. Portanto, o que escapou à dúvida? Alguma coisa sem o direito sobre a verdade de si e de outras coisas. Nesse sentido, o *cogito*, que é um momento privilegiado do *Eu Pensante*, como princípio de conhecimento, não escapou à dúvida, porque ele necessita se munir do direito, mas esse direito ele só adquire a partir da Meditação Terceira. Daí porque é preciso dizer que o *cogito* mesmo é descoberto na Meditação Segunda, e só é definitivamente criado a partir desta Meditação Terceira. Assim, não é o *cogito* mesmo que escapou à dúvida, mas somente alguma coisa que pensa, mas pensa sem o direito epistemológico, pois esse direito ele só adquire a partir da Meditação Terceira, quando aí teremos uma constituição do *cogito*.

Mas, isso é apenas uma descoberta de algo que não se faz nesse processo de dúvida, como querem Enéias e Guéroult. Mas, se é uma descoberta, e um processo constitutivo, então, eu não me faço neste processo, mas apenas descubro um ponto que, por meio do qual, poderei começar a descobrir exatamente o que de fato eu sou. Ou seja, *cogito, ergo sum* corresponde a uma percepção de alguma coisa, mas não uma construção desta (Nesse primeiro conhecimento só se encontra uma clara e distinta percepção[136] daquilo que conheço[137]). Ora, se é uma percepção intelectual, então, só pode mesmo é ser uma simples percepção, pois Descartes insiste em dizer que as ideias das quais eu tenho uma percepção possuem uma origem[138]. Por conseguinte, o processo da dúvida é o caminho para essa

---

136. Grifo nosso.
137. Descartes, op. cit., Tome II, p. 430.
138. Idem, p. 438-439.

percepção, isto é, o caminho para perceber o que eu sou, mas não para me constituir. Como mostramos na nota de rodapé acima, Curley mostra que por meio do *Penso* eu posso logicamente concluir pela verdade da existência pela razão que ele explica. Mas, não nos parece suficiente que o *penso* possua uma "base lógica", como ele diz, para que a existência do *eu* seja verdadeira. Essa "insuficiência" nos parece um tanto defensável, dado que eu apenas tenho o poder de me perceber. Por outro lado, só será verdadeiro que *eu* existo se for provado que Deus existe. Se eu penso como Curley é como se apenas essa "base lógica" fosse suficiente para ser verdadeiro que *eu* existo. Ademais, em relação a Curley, segue-se o que escrevemos na nota de rodapé acima.

Mas, se fosse suficiente, então, teria que ser verdadeiro que somente eu existo, na medida em que eu sou diferente de todo outro ser, dado que eu sou apenas uma coisa que pensa, e justamente o *penso* só serviria para provar que *eu* existo. E quanto às outras coisas, como a extensão, a pedra, Deus, e tudo o mais, de onde eu concluiria que tudo isso existe? É preciso, portanto, outra "base lógica" que garanta não apenas a verdade do *penso*, para poder ser verdadeiro que *eu* existo, mas ainda a verdade das outras coisas. Isto é, o *penso* não é suficiente.

Se é assim, se eu apenas tenho o poder de me perceber, mas nunca de me constituir, então, é claro que tenho a necessidade de continuar descobrindo o que sou. E mais do que isso: se eu apenas me percebo, e mesmo que por meio dessa percepção intelectual eu adquira uma clara e distinta percepção, é claro que eu também devo perceber com ela o que é preciso para me assegurar dessa percepção algo que seja verdadeiro.

> ...nesse primeiro conhecimento só se encontram uma clara e distinta percepção daquilo que conheço; a qual, na verdade, não seria suficiente para me assegurar de que é verdadeira se em algum momento pudesse

acontecer que uma coisa que eu concebesse tão clara e distintamente se verificasse falsa.[139]

Pois, toda percepção pressupõe, cartesianamente falando, uma recepção, ainda que não uma recepção do exterior, pois aí não seria cartesiano, mas uma recepção cuja origem não pode ser outra senão a substância divina. Isto é, essa origem é sempre uma primeira ideia, que funciona como um padrão ou original. Toda percepção é recepção de coisas que se originam daí:

> a luz natural me faz conhecer evidentemente que as ideias são em mim como quadros, ou imagens, que podem na verdade facilmente não conservar a perfeição das coisas de onde foram tiradas.[140]

Expliquemos um pouco mais essa percepção que estamos chamando de recepção.

Já sabemos que é porque eu não produzo a ideia no sentido próprio do termo, mas produzo naquele sentido em que Descartes diz, que é justamente o sentido da representação. Isto é, eu produzo na medida em que represento a ideia de alguma coisa, mas quando eu faço isso, essa ideia que eu represento, já está em mim, pois ela não se faz só quando efetuo o ato de representar, mas pelo contrário: quando eu efetuo esse ato ela já está "em mim como quadros, ou imagens". Ora, se não fosse assim, se essa produção não fosse nesse sentido, Descartes não se furtaria em dizer de que maneira eu produziria a ideia de alguma coisa. E ao invés disso, ele explica que eu recebo mesmo essas ideias.

> a luz natural me faz conhecer evidentemente que as ideias são em mim como quadros, ou imagens, que

---

139. Descartes, op. cit., Tome II, p. 430.
140. Descartes, op. cit., Tome II, p. 440-441.

podem na verdade facilmente não conservar a perfeição das coisas de onde foram tiradas.[141]

Portanto, meu único ato consiste em representar. Acontece que, se meu único ato consiste em representar, então, antes desse ato, eu devo ter recebido estas minhas ideias. Porque, como eu posso representar uma ideia que eu mesmo não produzi no sentido ontológico, isto é, no sentido em que eu lhe daria o seu ser? Assim, para que eu represente, será necessário que eu a receba de algum outro ser. Percebe-se que existe uma necessidade de receber essa ideia de algum outro ser, pois, do contrário, não haverá a tal da representação. Logo, para que eu represente alguma ideia, é preciso que eu a receba. É nisso que reside a receptividade da qual estamos falando aqui.

> a luz natural me faz conhecer evidentemente que as ideias são em mim como quadros, ou imagens, que podem na verdade facilmente não conservar a perfeição das coisas de onde foram tiradas.[142]

Por meio disso já é possível termos, em síntese, o que o primeiro capítulo de nossa obra apresentou. A saber, exatamente essa dependência do sujeito da dúvida, do *cogito* e do processo meditativo e, por isso mesmo, essa precedência da substância divina. Pois, se não fosse assim essa Meditação Terceira não teria como início exatamente uma reflexão sobre o que aconteceu na Meditação Primeira. Afinal, o início da Meditação Terceira reflete sobre a Meditação Primeira, não para mostrar que esta depende daquela, mas, ao contrário: de acordo com os trechos da exposição inicial que mostramos acima, a relação é inversa: a Primeira depende da Terceira[143].

---

141. Ibidem.
142. Ibidem.
143. Descartes, op. cit., Tome II, p. 430.

Por conseguinte, todo o esforço do primeiro capítulo de nossa obra repousa naquele segundo capítulo, porque, no exame da Quarta Parte do Discurso do Método, vimos uma evidente precedência da substância divina em relação a todo o processo meditativo e, por isso mesmo, em relação à descoberta do *cogito*. Agora, neste terceiro capítulo sobre a Meditação Terceira, esta precedência parece se acentuar novamente, mas de maneira mais forte, como acabamos de ver preliminarmente.

2. A substância divina: garantia e validade do *cogito* e das outras verdades

Continuando o nosso exame, vimos que eu tenho necessidade de me conhecer cada vez mais e, além disso, eu também tenho necessidade de saber se algumas das ideias que estão em meu espírito podem ter algum valor de verdade. Ora, qual é a questão que até aqui mais pesou em todo o processo meditativo, senão justamente a questão da dúvida que eu empreendi? Mas, no que diz respeito a isso, eu tenho uma grande questão a colocar neste momento, visto que para que o processo de dúvida possa realmente terminar, isto é, para que a hipótese do gênio maligno seja definitivamente afastada, eu preciso examinar se há um Deus e se ele pode ou não ser enganador[144]. Só dessa maneira eu[145] posso pôr fim à dúvida que se intensificou em meu espírito. Isto eu sei porque se eu não resolvo essa questão da existência de Deus, todos os meus desejos não poderão ser resolvidos.

Qual a saída que eu encontro para resolver essa questão? Na verdade, são várias as alternativas e terei que cumpri-las

---

144. Idem, p. 433.
145. Fazemos novamente uma referência ao que dissemos quando da tese de Curley: apenas o *penso* não é suficiente para mostrar a verdade de que eu existo. Pois, a verdade sobre a minha existência depende da verdade da existência de Deus.

com todo o cuidado. Antes de qualquer coisa, preciso me certificar do que eu devo fazer, isto é, o que me cabe fazer neste momento. Pelo que eu observei até aqui, me ocorrem várias ideias, mas nunca tive condições de saber ao certo por quais meios eu obtenho tais ideias. Então preciso, agora, organizá-las primeiro e, em seguida, poderei, enfim, examinar as suas origens.

Assim, por exemplo, dentre os vários pensamentos que eu pude encontrar em meu espírito, alguns eu posso dizer que são ideias, outros, que são vontades ou juízos. Pois, durante o processo da dúvida eu pude experimentar que duvidava, que negava e que afirmava. Eu também tive momentos em que hesitei face a hipótese de existir um gênio maligno. Em outros momentos, neste processo da dúvida, eu representei em meu espírito, e justamente desta representação de qualquer coisa eu pude dizer que se tratava de serem ideias mesmo, e que estas são como que imagens de coisas em meu espírito[146]. É isso, portanto, que mais me preocupa no momento. Como tudo isso está sob o direito que eu tenho de imaginar que existe um Deus que pode me enganar, então, agora é o momento que eu posso examinar se de fato eu tenho este direito, isto é, se existe um tal Deus que pode me enganar quando eu represento todos estes pensamentos em meu espírito. Para isso, deverei cumprir um programa que consistirá de algumas etapas.

A primeira etapa é quando eu verifico se o próprio senso comum, o qual eu já discuti quando duvidei de quase tudo na Meditação Primeira, pode ser a origem dos meus pensamentos. Se faço isso, no fundo eu estou examinando diretamente o método de conhecimento escolástico, *adaequatus rei*. Tudo o que eu sei é que as ideias se originam em meu espírito a partir do exterior, vindas de algum objeto que as produz. Todavia, quais são as razões pelas quais eu aprendi que de fato

---

146. Descartes, op. cit., Tome II, p. 433-434.

as ideias que estão em meu espírito vêm realmente de fora?[147] Ou é porque eu sou inclinado a acreditar nelas, ou é porque elas independem de minha vontade[148]. Se é assim, então cabe examinar por que seria desta maneira.

Quanto à primeira razão, ela não pode se sustentar, pois eu já sei que somente a luz natural pode me mostrar o verdadeiro, diz Descartes. Logo, não pode ser verdade que a origem de minhas ideias sejam as inclinações[149]. Em relação à segunda razão, isto é, que as ideias independem de minha vontade, se essas ideias viessem a mim contra a minha vontade, isto é, por objetos exteriores, nunca eu poderia ter delas uma percepção clara e distinta, pois isso seria igual ao esquema das inclinações. E mesmo se eu concordasse que de fato elas sejam originadas por objetos exteriores, isso não significaria ser verdadeiro, isto é, não sou *eu* quem decido pelo conhecimento, mas apenas constato, haja vista que eu posso ter 2 ideias do mesmo sol, argumenta Descartes.

Portanto, o exame desse primeiro caminho para a investigação da origem das ideias já me aponta algo significativo em relação a mim enquanto ser pensante: embora realmente eu tenha ideias em mim, isto é, embora eu as represente, estas não podem ter como origem a mim mesmo e nem alguma outra coisa que seja exterior a mim. Portanto, eu nem produzo ideias no sentido ontológico, como se eu lhes desse a substância, e nem posso determinar pelo pensamento, isto é, por mim mesmo, que as ideias que eu represento sejam oriundas de fora, mas já sei também que as inclinações não podem originar tais ideias em mim. Que eu as tenho, isso é desde já correto, mas de onde elas vêm? Eu acabo de descobrir que nem as minhas inclinações e nem as coisas exteriores podem ser-lhes a origem[150].

---

147. Idem, p. 435.
148. Ibidem.
149. Descartes, op. cit., Tome II, p. 435-436.
150. Idem, p. 437.

Se é assim, eu já posso decidir que eu mesmo, enquanto ser pensante, apenas as recebo, pois se eu busco agora a origem de minhas ideias, entendo que estou buscando, necessariamente, o *produtor* ou o *fabricador* de minhas ideias. Isto é, eu não posso *fabricar*, por assim dizer, as ideias que eu represento. Se quisermos usar uma palavra mais filosoficamente apropriada, podemos dizer que a *ontologia* de minhas ideias ainda desconheço. Pois, o caminho pelo qual acabo de investigar a origem de minhas ideias também revela-me que eu, enquanto ser que as represento não lhes posso ser a causa, bem como não podem ser as inclinações e os objetos exteriores[151].

Com isso, eu continuo com a necessidade de descobrir de onde vem as minhas ideias, isto é, o ser das minhas ideias[152].

---

151. Ibidem.
152. Cottingham cita este argumento de Descartes: "... sei que tudo o que clara e distintamente compreendo pode ser criado por Deus de modo a corresponder exatamente à minha compreensão. Logo, o fato de que posso clara e distintamente entender uma coisa separada de outra é o suficiente para me certificar que as duas coisas são distintas, já que são capazes de ser separadas, por Deus, pelo menos. A questão acerca de qual tipo de poder é preciso para promover tal separação não afeta o juízo de que as duas coisas são distintas ..." (Descartes, op. cit., Tome II, p. 487). Trata-se de um argumento da Meditação Sexta para o qual ele oferece a seguinte explicação: "... note que (para voltar ao "análogo secular" do argumento de Descartes esboçado antes) que tal raciocínio de fato não depende de que exista um Deus que crie almas sem corpo. O fulcro do argumento não é que existem mentes sem corpo, mas que podem existir ..." (Cottingham, 1989, p. 35). Cottingham oferece muitos outros argumentos em seu livro, mas este parece ser um momento em que ele facilita a vida do leitor. Pois, aqui ele concede ao texto cartesiano, digamos, uma interpretação tradicional, mesmo que para objetá-la em seguida. Todavia, mesmo concedendo uma interpretação tradicional, ele mostra que existe algo semelhante ao que Curley mostra acima: lá Curley diz que o penso possui uma base lógica suficiente para garantir a verdade da minha existência. Aqui Cottingham diz que de acordo com o trecho acima Descartes quer mostrar que é possível criar mentes sem que seja necessário um Deus. É, parece-nos, a mesma coisa. Nos dois casos a mente (Cottingham) ou o penso (Curley) não depende de Deus para

Nesse sentido, eu posso empreender um segundo caminho para descobrir tais origens.

Antes de continuarmos este raciocínio, queremos dizer que mostramos em nota de rodapé que Curley apresenta um argumento para sustentar que o *penso* possui uma base lógica para garantir a verdade de minha existência. Por outro lado, mostramos que Cottingham (ver nota de rodapé acima) também oferece uma interpretação semelhante. A interpretação que ele oferece é em relação à esta frase de Descartes:

> ... sei que tudo o que clara e distintamente compreendo pode ser criado por Deus de modo a corresponder exatamente à minha compreensão. Logo, o fato de que posso clara e distintamente entender uma coisa separada de outra é o suficiente para me certificar que as duas coisas são distintas, já que são capazes de ser separadas, por Deus, pelo menos. A questão acerca de qual tipo de poder é preciso para promover tal separação não afeta o juízo de que as duas coisas são distintas...[153]

Como já afirmamos em nota de rodapé acima, Cottingham diz que com esta frase Descartes quer explicitar que é possível dispensar Deus para se criar mentes, o que não significa que Cottingham esteja usando a palavra mente no sentido próprio, mas tão somente que Descartes mostra que Deus pode ser dispensado para que o *Eu Pensante* possa ser a realidade objetiva de suas próprias ideias (Cottingham, J. Descartes —

---

ser verdadeira(o). Se é assim, resta a nossa mesma observação: da mesma maneira que dissemos, contra Curley, não ser suficiente a base lógica que o *cogito* oferece para que a sua verdade seja garantida, aqui diremos, contra Cottingham, que é impossível criar alguma coisa sem Deus, uma vez que em última instância o que está em jogo na interpretação de Cottingham é justamente esta base lógica que o *cogito* oferece.

153. Descartes, op. cit., Tome II, p. 487.

A filosofia da mente de Descartes, p. 35). Mas, não nos parece que esta frase queira dizer isto. Podemos até entender que tal interpretação não seja impossível. Mas, do meu poder de julgar a distinção entre 2 coisas parece não ser correto excluir o poder que Deus tem de promover tal separação entre elas. Pelo contrário, eu só posso operar tal juízo se Deus promove a dita separação. Parece mesmo ser parte essencial de meu juízo entender que eu só sei que são distintas porque houve uma separação pela substância divina. Não é possível que eu exclua este poder divino de meu julgamento.

Tanto é assim, que eu já estou no segundo caminho para descobrir a origem de minhas ideias, e isto explica como que a base lógica do *penso* não é realmente suficiente, ainda que esta base não possa ser negada, no caso de Curley e, no caso de Cottingham, ainda que seja possível excluir a ação da substância divina de meu poder de julgar.

Assim, eu posso tomar as minhas ideias em 2 sentidos. Ou elas são consideradas como formas de pensar, ou são consideradas como imagens, nas quais se podem representar objetos diversos. Se são apenas certas formas de pensar, aparentemente provêm de mim. É preciso repetir: apenas aparentemente elas provêm de mim mesmo. Mas, isso tem uma explicação, a saber, elas parecem me ter como origem porque se são formas de pensar, não reenviam a nenhum objeto exterior, na medida em que não comportam tal pretensão, mas apenas a pretensão de serem diversos mecanismos intelectuais de representação de objetos. Portanto, eu estou falando aqui de mim mesmo, enquanto possibilidade de representação, mas não da ideia de algum objeto que, se houver algum, eu possa representar. Uma coisa sou eu, que possuo a capacidade de representar uma ideia, mas outra coisa é a ideia representada por mim. Quando eu falo dessa ideia, eu estou me remetendo a seres que são diferentes de mim mesmo. Mas, no sentido de ideia mesmo, naturalmente elas têm que reenviar a objetos diferentes e, nesse sentido, eu tenho graus de ser. Por exemplo, posso representar uma substância, o modo de substância ou uma ideia superior, como a de um Deus[154]. Nesse sentido, se as ideias reenviarem a objetos fora de mim que possuem graus de ser, então, agora é preciso saber de que maneira eu posso decidir pela origem dessas ideias que, repitamos, possuem graus de ser[155].

Ora, se eu costumo representar ideias que possuem graus de ser, então eu preciso saber que para cada ser deve haver uma origem compatível. Ou então, que deve haver uma origem perfeita que corresponda a todas as ideias. Por exemplo, se eu tenho a ideia de uma substância infinita, perfeita, imutável, onipotente, etc., logo logo a luz natural me ensina que eu jamais poderia ser-lhe a origem, isto é, a sua causa. Por quê? Porque para que eu pudesse causar esta ideia em mim mesmo, teria que possuir pelo menos tanta ou mais realidade que esse ser perfeito possui. Isto eu sei pela luz natural. Se é assim, então eu já posso adiantar que em relação à ideia desse ser perfeito só mesmo ele pode produzi-la em mim. E neste sentido, eu também já posso saber que esse poder de produzir esta ideia que eu represento, tem precedência em relação a este meu ato de representar[156]. Então, a representação aqui nada mais é do que a efetivação da recepção de uma ideia e seu conteúdo.

> de sorte que a luz natural me faz conhecer evidentemente que as ideias são em mim como quadros, ou imagens, que podem na verdade facilmente não conservar a perfeição das coisas de onde foram tiradas, mas que jamais podem conter algo de maior ou de mais perfeito.[157]

---

154. Descartes, op. cit., Tome II, p. 437.
155. Ibidem.
156. Descartes, op. cit., Tome II, p. 438.
157. Idem, p. 440.

O que está em jogo aqui é uma fórmula que eu posso expor da seguinte maneira: o mais perfeito não pode ser uma decorrência do menos perfeito[158].

O mais perfeito, portanto, produz o menos perfeito, mas ele só produz porque possui em si formalmente tudo o que entra na composição do menos perfeito. Ora, se esta fórmula vale para o menos perfeito, para o mais perfeito, como é o caso da ideia da substância infinita, vale mais ainda, cujos motivos expusemos acima. E mesmo que esse mais perfeito não se mostre por meio da ideia que eu concebo, por exemplo, da pedra, eu saberei, ainda assim, que a causa da minha ideia da pedra, bem como da substância divina, só pode ser esse mais perfeito. E sei porque 1) é impossível o nada produzir alguma coisa, e sei também porque 2) é impossível o menos perfeito produzir o mais perfeito. É bem verdade, todavia, que eu produzo em mim esta ideia, mas porque ela possui uma realidade objetiva, então esta produção me dá algo que de fato possui uma correspondência, como diz Enéias Forlin[159]. A questão é que esta produção que eu faço, isto é, esta representação da pedra, tem já uma causa.

> ora, a fim de que uma ideia contenha uma tal realidade objetiva de preferência a outra, ela o deve, sem dúvida, a alguma causa, na qual se encontra ao menos tanta realidade formal quanto esta ideia contém de realidade objetiva.[160]

Porquanto a produção que cabe a mim enquanto ser pensante só é no sentido da representação da ideia da pedra, ou mesmo da substância infinita, mas não no sentido de dar-lhe o seu conteúdo mesmo, como o faz o ser mais perfeito. Por-

---
158. Idem, p. 438.
159. Forlin, *A teoria cartesiana da verdade*.
160. Descartes, op. cit., Tome II, p. 439-440.

tanto, eu produzo algo já produzido, e a isso eu chamo de produção da produção.

Se é assim, eu posso saber, pela luz natural, que:

1) eu não posso causar nenhuma ideia em mim;
2) eu não possuo formalmente e nem eminentemente esta ideia que eu represento, isto é, represento sem, todavia, possuir a composição da ideia representada;
3) a ideia que eu represento com valor objetivo, na verdade só possui esse valor porque ela corresponde àquilo que está formalmente na causa;
4) eu represento a ideia, mas mesmo assim ela é colocada em mim; a substância também é colocada em mim. Então, substância e ideia da substância são ambas causadas em mim.

> são em mim como quadros, ou imagens, que podem na verdade facilmente não conservar a perfeição das coisas de onde foram tiradas, mas que jamais podem conter algo de maior ou de mais perfeito.[161]

De acordo com estas enumerações, resta apenas a mim o ato de representar a ideia na medida em que eu a recebo. Apenas na medida em que eu a recebo. Por conseguinte, resta reconhecer uma precedência, no meu ato epistemológico, da substância que me faz conhecer a ideia de alguma coisa. Todavia, eu preciso descobrir qual é esta ideia do mais perfeito que, parece-me, pode ser a origem das minhas ideias. Por conseguinte, pode ser o meio pelo qual eu saberei que minhas ideias possuem o que se pode chamar de validade objetiva, isto é, correspondência com a realidade. Logo, não é a simples correspondência com a realidade pelo discurso, mas pela ação mesmo dessa causalidade, sem a qual meu discurso não

---

161. Idem, p. 440-441.

funciona[162], pois a sua funcionalidade precisa da ideia. Sem isso eu me perco na simples crença de que existe uma ideia mais perfeita que pode ser a causa de minhas ideias. Eis a questão que o meditador precisa agora enfrentar.

Nesse sentido, eu preciso agora voltar-me para algumas ideias que sempre estiveram em meu espírito quando passei pelo processo da dúvida. Assim, algumas ideias de coisas corporais que estão sob o poder do tato, como luz, calor, frio, etc., eu não posso decidir nada em relação a elas, a não ser dizer que elas estão em mim porque possuo dependências que me fazem representar coisas que podem ser falsas[163]. Nesse sentido, eu não tenho condições de vislumbrar o valor objetivo destas ideias, pois elas me são do tipo que não podem subsistir sozinhas, que não é o meu caso, pois eu, enquanto pensamento, posso subsistir sem a ajuda de qualquer coisa material. Mas, não é o caso do calor, do frio, ou da luz. Neste sentido, porque eu poderia saber-lhes o valor objetivo? Não posso, não no momento, pelo menos. Afinal, se eu percebo que sou o autor destas ideias, então as suas objetividades ficam comprometidas, na medida em que de mim não pode se originar a objetividade de alguma ideia. Não posso pelo seguinte: primeiro, porque eu não tenho em mim aquilo que entra na composição de qualquer ideia de coisas corporais. Pois, o que eu sou precisamente falando? Apenas uma coisa que pensa, e uma coisa que pensa não pode ter nada de extenso. O que, em última instância, alguma ideia de coisa corporal é em essência? Apenas extensão. Portanto, somos incompatíveis.

Ou seja, de mim tais coisas corporais não terão as suas realidades formais, pois, estas eu não possuo. Por conseguinte, elas não podem ter valor objetivo porque se eu não lhes pos-

---

162. Forlin, *A teoria cartesiana da verdade* (...). É justamente porque pensamos é um debatedor de presença obrigatória quando discutimos o pensamento de Descartes, e é por isso que o indicamos aqui.
163. Descartes, op. cit., Tome II, p. 441-442.

so transmitir realidades formais, então elas não podem ser verdadeiras, mas se elas não podem ser verdadeiras, então, por enquanto, são falsas. Nestes termos, somente eu mesmo posso ser-lhes o seu autor. E sou na medida em que tenho carências, e como tenho carências as busco do nada. Por tudo isso é que eu posso saber que de mim não pode sair a objetividade de alguma ideia, porque se eu não posso garantir a objetividade destas ideias que eu acabei de expor, então, em relação às outras será impossível que de mim possa se originar a devida objetividade.

Nesse sentido, eu acabo de eliminar algumas ideias que não poderiam ser a causa de minhas ideias. Por conseguinte, nem podem ser dotadas de valor objetivo. Mas, ainda dentro destas ideias de coisas corporais, eu posso examinar, por exemplo, a pedra, que, por sua vez, parece subsistir sozinha.

Ora, se a pedra é uma coisa extensa, então, eu tiro de mim a sua ideia de extensão, na medida em que eu posso analogamente reconhecer a extensão como substância, isto é, se eu sou uma substância na medida em que independo de algo para existir, então a pedra será também, se ela é capaz de subsistir sozinha, ainda que eu, como diz Descartes, seja uma *res cogitans*, e a pedra, uma *res extensa*. Há, portanto, entre mim e a pedra uma igualdade conceitual, ou seja, somos substâncias, porque ambos temos a capacidade de subsistir sozinhos. Isto, todavia, não significa ser a origem da substancialidade da pedra, mas apenas é um critério[164] pelo qual eu sei que, tanto quanto eu, a pedra é uma substância[165]. Nesse sentido, eu não estou aqui me colocando no mesmo patamar daquela substância infinita que poderá, caso eu venha a descobri-la, ser a causa de todas as minhas ideias, dentre as quais a ideia da pedra. Na verdade, tem que haver uma substância nessas condições, mas

---

164. Guéroult, M, op. cit., p. 55. Aí. Guéroult nos mostra bem o critério de reconhecimento de uma substância.
165. Descartes, op. cit., Tome II, p. 443-444.

eu ainda preciso me certificar completamente. Mesmo porque eu já disse que não posso garantir objetividade a qualquer extensão, já que, formalmente, eu não posso oferecer qualquer substancialidade extensa à pedra ou a qualquer outra coisa corporal, se eu sou apenas uma coisa que pensa.

É nessas condições que a precedência dessa substância perfeita se coloca. Somente a ela cabe dar às coisas as suas substancialidades. E, neste sentido, a verdade está intimamente atrelada a esse poder de dar substâncias às coisas. E não se trata de dizer que uma vez reconhecida a objetividade por meio dessa substância eu posso dispensar a sua ação, que é causa de minhas ideias. Pelo contrário, eu não posso mesmo subsistir sem esse poder um só momento[166]. Por isso é que Frankfurt diz o seguinte:

> ... ao invés de mostrar que *sum* pode ser deduzido de uma premissa que certamente está em seu próprio direito [isto é, o *cogito*], Descartes com efeito aponta que uma premissa da qual *sum* pode ser enfatizado é um elemento essencial e inescapável de cada contexto no qual a necessidade para uma certeza com relação ao *sum* surge... (Citado por Curley)[167]

Ao invés de o *cogito* por si só ser suficiente para sustentar uma certeza ao *sum*, ele pede, na verdade, uma certeza para este *sum*. Assim, tanto quanto nós, Frankfurt reivindica para o *cogito* um suporte, por assim dizer, e o deixa sem a fortaleza que Curley e Cottingham lhe dão. É porque o *cogito* requer esse amparo essencial que o *sum* pede uma certeza para além do próprio *cogito*, isto é, que seja maior que o *cogito*. E, um pouco antes, ele diz: "Descartes requer um fundamento que *pode nunca* estar sujeito à dúvida. Ele deve ter afirmações para

---
166. Idem, p. 450-451.
167. Frankfurt, op. cit., p. 145.

as quais bases racionais para a dúvida são impossíveis ..." (citado por Curley)[168]. Como eu posso reivindicar isto para o *cogito*, a pretexto da base lógica que ele detém, se, na verdade, não foi capaz de suplantar o poder do gênio maligno? Mais ainda: por que a sua base lógica não é capaz de suplantar o gênio maligno? Porque ela é insuficiente, na medida em que o gênio maligno requer uma base lógica superior.

Todavia, ainda no sentido da ideia da extensão, a ideia do tempo, por exemplo, que eu associo ao número, à duração e ao movimento, só existe em mim, isto é, eu enquanto ser pensante, porque ele [o tempo] não será encontrado na realidade[169], como a pedra talvez seria, caso fosse possível provar que ela porventura possua um valor objetivo, mas, como toda e qualquer ideia que eu tenho, como a da pedra, por exemplo, esta também tem que ter uma causa mais perfeita que eu. Esta é uma possibilidade de explicação de que a ideia do tempo só existe em mim, ou seja, no pensamento. Isso não se confunde com uma possível objetividade oriunda de mim mesmo, ainda que por este fato eu até possa dizer que esta ideia do tempo se origina em mim.

> quanto às outras qualidades de cujas ideias são compostas as coisas corporais, a saber, a extensão, a figura, a situação e o movimento de lugar, é verdade que elas não estão formalmente em mim, posto que sou apenas uma coisa que pensa.[170]

Se origina, mas naquele sentido em que eu já anunciei, isto é, pelo fato de que eu represento tal ideia, mas especialmente no caso do tempo e suas outras modificações, porque também ele não pode ser encontrado na realidade.

---

168. Idem, p. 140.
169. Descartes, op. cit., Tome III, p. 125-126, I, 57; Tome II, p. 444-445.
170. Descartes, op. cit., Tome II, p. 444.

Assim, vê-se que mesmo no caso de uma determinada ideia, como a da pedra e a minha própria, que possa ser clara e distinta, na medida em que tanto eu, quanto a pedra, somos ambas substâncias, carece-se, todavia, de uma ideia que seja a mais perfeita e a que, contrário a mim e à pedra, seja a causa tanto de mim, quanto da pedra. E, neste caso, já posso até dizer: esta ideia deverá ser a causa de si própria. Mas, além disso, deve ser uma ideia que seja capaz de conter formalmente muitas naturezas. Daí porque eu estou excluído desta possibilidade. Mais ainda: eu sou substância conceitualmente, apenas, por enquanto, porque preciso, para efetivar-me como substância, desta ideia mais perfeita. Nesse caso, sou apenas hipótese. *"Cogito, ergo sum"*. Este é um conhecimento hipotético, já que ele nasce antes da substância divina e, portanto, precisa ser confirmado (Frankfurt, 1989, p. 145).

Então, por que já é possível saber que eu e a pedra somos ambas substâncias? Porque clara e distintamente eu intuo que ambos estamos dentro da possibilidade de sermos substâncias. E intuo porque a possibilidade da intuição está em mim, como a ideia de substância. Mas, nem por isso posso decidir pela verdade dessa substancialidade, pois até agora eu vejo uma extrema dificuldade de me afirmar como substância, mesmo que eu vislumbre somente a possibilidade de que eu seja uma substância. Também assim se dá no caso da pedra. Apenas saber, neste caso, de nada adianta. Por que adiantaria o simples saber, se eu não posso assegurar com certeza? É preciso um princípio verdadeiramente primeiro, que seja anterior a qualquer princípio. Pois, mesmo eu, que tenho comigo uma regra que me dá a possibilidade de saber o que é certo, como no caso da pedra, e o que é falso, como no caso do frio ou do calor, não posso, todavia, decidir pela verdade de tais coisas. Talvez Frankfurt dissesse, "eu necessito de outra verdade além de mim mesmo" (Frankfurt, 1989, p. 145).

Por conseguinte, careço de algo que tenha precedência em relação a mim próprio. É como se o meu poder que tenho de conhecer não pudesse cumprir o seu papel sem essa substância que preciso conhecer. Mais ainda. É como se a minha própria vontade não tivesse a força do desejo para ajudar na decisão sobre a verdade de alguma coisa, se é que se pode separar "vontade" de "desejo", mas fazemos aqui apenas para dizer que o "saber", sem a substância divina, não é um "saber completo"; também é como se o meu próprio juízo não pudesse decidir sobre esta verdade, mesmo com a ajuda da vontade que, como já disse, encontra-se defeituosa. Enfim, tudo o que diz respeito a mim encontra-se neste momento sem poder de ação, enquanto eu não descobrir tal substância. E talvez seja Deus mesmo, e não vejo como não ser ele porque é a última ideia que tenho para examinar.

Enquanto isso, estou realmente preso em mim: minha vontade, meu juízo, minha imaginação, enfim, eu não posso nem mesmo afirmar a verdade sobre mim porque encontro-me defeituoso, sem poder de ação, para falarmos como Frankfurt[171]. E é aqui que podemos vislumbrar a precedência divina em relação à verdade contida no *Cogito, ergo sum*.

Mas, será que esta minha preocupação agora pode ser resolvida, se a próxima ideia que eu preciso examinar é justamente aquela pela qual eu represento em mim a ideia de um ser mais perfeito, exatamente aquela que eu já sei que existe um ser perfeito deve ser a causa de minhas ideias? É preciso me certificar e examiná-la a partir de agora.

Pois bem, esta ideia é a ideia de Deus que, segundo eu aprendi, é uma substância infinita, eterna, imutável, independente, etc., que é criador de tudo[172]. Quanto a mim, o que eu sou, senão apenas uma coisa que pensa? E, aliás, uma coisa pensante que é, como acabei de dizer, produzida por Deus.

---

171. Frankfurt, op. cit., p. 145.
172. Descartes, op. cit., Tome II, p. 445.

E também: uma coisa que pensa, mas sem o poder de decidir sobre a verdade de algo, como acabamos de ver. Ora, eu jamais poderia, neste caso, produzir em mim tal ideia, na medida em que eu não possuo formalmente tudo o que entra na ideia de Deus. Ou seja, eu não posso dizer, nesse sentido, que doto a ideia de Deus de valor objetivo, como se eu tivesse formalmente tudo o que entra em sua composição de Deus. Afinal, quando ocorre o valor objetivo da ideia não é na medida em que um ser possuidor de tudo o que entra na ideia transfere para ela o devido conteúdo, isto é, a correspondência da ideia com a realidade, mas isso só na medida em que este ser contém formalmente tudo que entra na ideia? Se for desta maneira, a ideia de Deus só pode ser dotada de valor objetivo se esta dotação for proveniente dele próprio. Pois, Deus é o único que pode conter tudo o que formalmente ele contém. Por causa disso, eu preciso concluir que Deus existe, mas existe por si próprio. E existe imediatamente, naquele sentido "imediato" que já explicamos acima. E não é o caso de dizer que depende de eu ter uma ideia clara e distinta desta ideia para que ela seja verdadeira. Pelo contrário, é porque eu sei agora que ele existe que é claro e distinto que ele existe. Desta forma, até mesmo em relação à regra geral, esta ideia tem precedência: só é claro e distinto a ideia de Deus porque ele existe, mas ele não existe porque a sua ideia é clara e distinta. Aqui invertemos a ordem: é Deus e sua ideia que fundam a regra, mas não a regra que funda Deus e sua ideia. Desse modo, por que eu sei que o *cogito* existe? Porque ele se me apresentou claro e distinto, isto é, diferente de qualquer coisa e fácil de entendê-lo: ele existe em ato, em episódio, pensando. Dada essas 2 condições, eu posso saber que ele existe. Por que eu sei que Deus existe? Para começar a sua ideia pode ser distinta, mas não é clara, pois, para isso, eu teria que esgotar a minha compreensão sobre ela, mas Descartes mesmo diz que eu não posso esgotar tal ideia. Por que, então, eu sei que ele existe? Porque são os dados da distinção desse Ser que me fazem concluir pela sua existência, no contexto da Meditação Terceira. Acontece que esses dados são tão eminentes que eu sou constrangido a chegar a tal conclusão.

Mas existe ainda outra explicação. É porque, ao longo do exame das ideias, percebemos paulatinamente a relação entre a substância divina e a regra geral. É a regra que vai sendo construída, na medida em que a clareza e a distinção vão tomando corpo. Vejamos. Porque eu conheço que sou uma substância? É na medida em que, analogamente a Deus, eu posso me sustentar em relação a toda matéria. Logo, aqui a clareza e a distinção cabem a Deus, ou emanam dele. Por que eu sei que a pedra poderia ser uma substância? Porque, como eu, ela analogamente a Deus, poderia se sustentar sozinha. Logo, a clareza e a distinção estão novamente em Deus. Por que eu reconheci que eu era, que duvidava? Porque a ideia de Deus havia me dado este poder de duvidar e de ser[173]. Da mesma forma, tanto clareza e distinção estão em Deus. Clareza e distinção, portanto, são um mecanismo que eu descubro ao longo do processo meditativo, mas as descubro em Deus, que é de onde tudo clara e distintamente sai, como acabamos de ver. Assim, a regra geral é um mecanismo que emana da substância divina em todo o instante que o sujeito estiver praticando o ato de conhecer em qualquer época.

Mas, se esse Deus existe por si próprio, e se seu valor objetivo se origina de si mesmo, então, sua ideia está mim somente porque ele mesmo fez com que ela estivesse. Não é o caso de dizer, portanto, que, de um lado, eu tenho a ideia de Deus, mas que, de outro, Deus mesmo lhe dá a sua substância: haveria, nesse caso, um trabalho produzido por 2 seres. Pelo contrário, Deus me dá a sua ideia e a substância dessa ideia. Assim sendo, a mim cabe apenas representá-la, e não mais que isso. E agora que eu já posso afirmar a existência de

---

173. Descartes, op. cit., Tome II, p. 439-440.

uma substância superior a mim mesmo, que por si mesma se pode fazer existir, mas, além disso continuar existindo por si mesma, então, parece que a minha situação de ser pensante se modifica um pouco.

E toda a clareza e distinção que, segundo dissemos acima, estão na substância divina, estão por conta desta clareza que necessariamente acabamos de flagrar nela. E, de acordo com as nossas exposições, isto se explica por 3 motivos. Primeiro, porque eu não posso dar-me a ideia dessa substância divina, se eu não contenho em mim formalmente tudo o que entra em sua composição. Segundo, porque também não posso causar em mim mesmo as ideias das outras substâncias, pois eu não lhes contenho formalmente. Terceiro, porque não posso dar-me a minha própria substância, na medida em que se eu pudesse me dar o que eu sou, dar-me-ia o resto, e seria, nesse caso, Deus[174]. Quarto, porque eu conheço que duvido e que sou, na medida em que eu sou uma coisa pensante, mas uma coisa criada por uma substância divina — isto é, a minha substancialidade só pode ser pela substância divina.

Isto é, cabe a mim, enquanto ser pensante, meramente representar as ideias que me são transmitidas pela substância divina[175]. Daí porque eu apenas represento a minha ideia, a da substância divina e a das outras coisas, caso existam outras coisas no mundo. Destarte não cabe, portanto, falar de uma dúvida metódica como formadora de mim mesmo, como se

---

174. Descartes, op. cit., Tome II, p. 449.
175. Descartes, op. cit., Tome II, p. 592. Aqui Descartes diz que a minha ideia deve ter uma causa em que tanto a sua realidade objetiva, quanto a sua realidade formal estejam contidas. Isto é, se eu sei que sou uma coisa pensante, isto é, se o conteúdo de toda a minha realidade for o *pensamento*, a minha realidade objetiva tem como conteúdo o *pensamento*, o que significa que esta realidade só será verdadeira se este *pensamento* estiver primeiramente em Deus, o que será a minha realidade formal. É daí que eu surjo como coisa que pensa. Ora, o que significa isso conter formal e objetivamente a minha ideia, senão produzir esta mesma ideia?

eu fosse feito *Res Cogitans* apenas a partir de tal processo. Eu sou criado *Res Cogitans* por meio da substância divina, como vimos em todo o nosso percurso expositivo. É nisso que, tanto na questão epistemológica, quanto na questão ontológica, reside a precedência da substância divina em relação a mim como ser pensante e princípio de conhecimento: essa substância divina se faz presente com anterioridade, tanto numa, quanto em outra esfera do sistema cartesiano. Quanto as substâncias, isto é, o ser essencial de cada ideia que eu represento, não há que haver dúvidas aqui, pois talvez todos os que comentam Descartes concordem que somente a substância divina é capaz de dar a si mesma, a mim e às outras coisas, caso existam outras coisas, as suas substâncias.

Mas talvez Guéroult dissesse: "acontece que a regra geral existe porque concebi clara e distintamente que eu existo na medida em que penso", e talvez também Enéias Forlin completasse: "ao dizer, *penso, logo existo*, eu constato por meio do discurso, uma forte ligação minha com a realidade". Ora, toda a verdade, tanto de uma afirmação (Guéroult), quanto de outra (Enéias Forlin), reside justamente no fato de que Deus existe. Que seja claro e distinta a minha percepção ou o meu discurso, isto não é problema. A questão é que a regra da clareza e distinção já é ela mesma oriunda da substância divina. Daí porque quando eu opero clara e distintamente, eu já opero com um empréstimo divino.

Vejamos, todavia, o que pensa Enéias. Uma das partes mais importante de seu livro (Forlin, E., 2005) é aquela em que ele expõe suas considerações sobre as noções comuns ou axiomas, que ele costuma chamar de "princípios lógicos". Lá ele defende que esses princípios são propriedades exclusivas da *Res Cogitans*. Como ele deseja defender que esses princípios nunca foram alcançados pela dúvida, então, necessariamente, ele precisa mostrar a mesma coisa sobre o *Res Cogitans*.

Para tanto, ele começa, em primeiro lugar, mostrando que o que se deve entender por princípios. Este são, segundo sua interpretação a partir do texto cartesiano, relações necessárias entre naturezas simples e universais:

> as noções comuns, porém, se distinguem das demais coisas ou naturezas simples por não serem elas próprias coisas ou propriedades, mas tão somente laços que ligam as outras naturezas simples.[176]

E explica como estes princípios operam na mente: "isso significa que um princípio lógico não introduz nenhuma coisa no pensamento, mas já é, ele mesmo, um conceito introduzido no pensamento"[177]. Ou seja, as 2 frases acima dão-nos uma ideia de como Enéias concebe a utilização desses princípios lógicos pelo pensamento: são noções que ligam naturezas simples, na medida em que o pensamento as utiliza da maneira como elas já estão no pensamento.

Amparados no texto cartesiano, podemos dizer que dessa maneira como Enéias se expressa, elas não se modificam. O meditador as utiliza sem que haja qualquer modificação dessas noções comuns, ou princípios lógicos, como Enéias gosta de chamar. Se não se modificam, então, nos parece que elas possuem uma determinada independência em relação ao meditador. Por quê?

Por conta da incompatibilidade entre esses axiomas e o seu meditador. Porque se esses princípios são imutáveis, então, temos aqui uma característica que foge ao poder intelectual do meditador, na medida em que não consta em sua natureza nem a propriedade da imutabilidade e nem a propriedade para conter o imutável, isto é, ele não possui estrutura para ter como propriedade, ou essência, o que é imutável. Ele até pode fazer dessa imutabilidade que encontramos nos

---

176. Forlin, op. cit., p. 322.
177. Idem, p. 325.

axiomas, um uso, um instrumento de operação, sem que isso signifique que esse devido instrumento seja propriedade sua. Porque há uma incompatibilidade entre o pensamento e esses axiomas, ou princípios lógicos, se estes são de natureza divina, e aquele possui características imperfeitas.

Por conseguinte, eu recebi os axiomas, ou princípios lógicos, da mesma forma como recebi as ideias que eu costumo representar, isto é, de maneira passiva.

Se as entendermos como não sendo propriedades exclusivas do pensamento, mas tão somente como elementos imutáveis de que ele se serve para fazer determinadas operações, então, nos parece que aí reside o motivo de elas não serem mencionadas na dúvida. Mas, se as credito ao pensamento, como faz Enéias, então, sou forçado a admitir que elas não escapam à dúvida, a pretexto do que diz Enéias para defender que o pensamento não fora mencionado na dúvida, mas simplesmente confirmado por ela. Mas, esta segunda alternativa se justifica?

Ora, o que é o *cogito* sem a intuição intelectual? O que é o *cogito* sem os juízos, sem a operação da vontade, sem, enfim, todos as maneiras que o sujeito da dúvida tem para operar algum pensamento? A minha intuição intelectual não escapou à dúvida, as minhas percepções sensíveis, também não escaparam, nem o meu ato da vontade, nem algum dos modos que eu tenho de pensar. Todas as maneiras pelas quais eu posso pensar foram postas em dúvidas. O que eu sou, propriamente falando, sem as maneiras pelas quais eu penso? Isto é, o que me resta? Resta que eu sou uma coisa que pensa. Mas o que é uma coisa que pensa? É uma coisa que quer, não quer, que deseja, que odeia, que ama, etc. Tudo isso não é pouco, pois isso é o que eu sou! Eu sou, portanto, tudo isso que foi posto em dúvida, sim. Por conseguinte, eu, que sou puro pensamento, fui objeto de dúvida. Nesse sentido, se eu sou objeto de dúvida, enquanto sou, estes princípios, dos quais Enéias fala, ficam comprometidos, não por si mesmos, mas por mim, que sou objeto de dúvida, se e somente se eles fossem propriedades minhas. Portanto, nada há na *Res Cogitans* que não escape à dúvida, se ela própria não escapa.

Enéias termina a sua análise sobre estes princípios lógicos desta maneira:

> se o conhecimento matemático não deriva das leis lógicas do meu entendimento, mas é um conhecimento adquirido por intuição intelectual, então é possível duvidar da validade de um tal conhecimento colocando em questão a legitimidade da própria intuição. E se, por exemplo, o espaço tiver necessariamente quatro dimensões, mas a malícia de um gênio maligno fizer com que eu sistematicamente o intua como tendo três dimensões?[178]

Ora, a única forma que eu tenho de conceber as coisas de maneira clara e distinta é me utilizando da minha intuição intelectual. Como, então, eu não sou, desta maneira, objeto de dúvida? Nesse sentido, podemos ter uma confirmação da dubitabilidade do pensamento pelas próprias palavras de Enéias.

Portanto, se queremos defender as "noções comuns" ou "axiomas", por meio da defesa da *Res Cogitans*, estas noções se tornam bem frágeis, pelos motivos que já apontamos acima, isto é, justamente porque o *cogito* entra sim em colapso. E entra em colapso também, inclusive, no início da Meditação Terceira, como já apontamos acima, e Descartes faz isso para apontar a necessidade que existe da prova da existência de Deus para a subsistência do próprio *cogito*. Mas, Enéias defende que a *Res Cogitans* escapou à dúvida, e justamente por conta disso, os princípios lógicos que são suas propriedades, também escaparam à dúvida. Se é assim, então podemos dizer que, para Enéias, quem possui precedência não é, diferentemente do que afirmamos, a substância divina, mas a própria *Res Cogitans*.

---

178. Forlin, op. cit., p. 331.

Por esse motivo é que parece mais correto admitir os princípios lógicos da maneira como admitimos acima.

Para reconsiderarmos brevemente o segundo e o terceiro capítulos desta segunda parte, retomemos brevemente aquele artigo 51 dos princípios que orientou a nossa análise logo na introdução da nossa investigação:

> Mas com respeito ao que consideramos como coisas ou modos das coisas, vale examiná-las aqui uma após outra. Por substância não podemos conceber senão uma coisa que existe de modo a não ter necessidade de nada além de si própria para existir. E, em verdade, pode-se conceber apenas uma substância absolutamente independente, que é Deus. Percebemos que todas as outras coisas só podem existir pela ajuda do concurso de Deus, e, por conseguinte, o termo substância não se aplica a Deus e às outras criaturas univocamente, para adotar um termo familiar nas escolas; isto é, nenhuma significação dessa palavra comum a Deus e a elas pode ser distintamente compreendida[179].

Tudo o que procuramos mostrar ao longo deste segundo e terceiro capítulos foi justamente a implicação necessária que este artigo dos *Princípios* possui na relação entre a *Res Cogitans* e a substância divina: esta relação implica naquelas 4 situações que apontamos acima, mas que vão de encontro à análise de uma *Res Cogitans* evidente por si mesma. Aliás, com estas afirmações contidas neste artigo dos *Princípios*, Descartes se coloca contrário a uma *Res Cogitans* que, por si só, basta para garantir a verdade, e que seja capaz de produzir ontologicamente as suas próprias ideias. Aqui, o sujeito do *cogito*, de acordo com a exposição ao longo desta segunda parte, necessita ininterruptamente do concurso divino para conhecer.

---

179. Descartes, op. cit., Tome III, p. 121.

Conclusão

A carta a Clerselier — dois sentidos de princípio ou a verdade e certeza como marca da precedência de Deus em todas as ordens?

"impossibile est idem simul esse et non esse"

Em 1646, Descartes escreve uma carta a Clerselier,[180] na qual ele diferencia 2 sentidos de princípio. Como podemos entender essa carta, naquilo que ela expõe sobre esses 2 sentidos de princípio? Expliquemos acerca desses sentidos.

Por um lado, o termo princípio é utilizado no sentido de uma noção comum que, de acordo com a carta, serve para provar conhecimentos já adquiridos. Assim, Descartes se remete à ordem do Ser, na medida em que trata-se de um princípio que prova a existência dos seres (*Essentia*) e das coisas (*Entia*). Trata-se, pois, de uma noção bem clara e bem geral que, por isso mesmo, deve servir para justificar as outras verdades que são conhecidas. Dessa forma, todo e qualquer conhecimento adquirido deve tê-lo como prova, isto é, como justificação para que tal conhecimento seja verdadeiro. Este é, resumidamente, o primeiro sentido de princípio. Por outro lado, o sentido de princípio é um ponto de partida que, de tão claro e tão distinto, serve para descobrir toda e qualquer verdade, mas ele próprio não depende de nenhuma verdade. Neste sentido, trata-se de um princípio que estabelece a ordem do conhecer, na medida em que Descartes concebe tal sob essa condição do conhecer, mas não do provar aquilo que já existe. Pois, de acordo com a carta, para demonstrar qualquer verdade, é

---

180. Descartes, op. cit., Tome III, p. 658-659.

preciso supor esse segundo sentido de princípio, isto é, este ponto de partida que é claro e distinto, mas é dessa maneira justamente por que tal princípio se manifestou como o mais conhecido de todos os seres.

Nesse aspecto, por meio dessa distinção, Descartes nos fornece 2 instrumentos principais de sua teoria do conhecimento, mas explica que um princípio pertence à ordem ontológica e outro à ordem epistemológica. Parece ser esse, resumidamente, o raciocínio da carta que estamos tentando tomar como ponto esclarecedor de tudo o que defendemos até aqui. Deixando de lado, provisoriamente, toda a nossa análise e tendo em vista essas 2 noções de princípios, como fica a relação entre Deus e a *Res Cogitans*, esta na condição de princípio? Em outros termos, se Deus pode ser tomado no primeiro sentido e a *Res Cogitans* no segundo sentido, como fica a ordem ontológica e a ordem epistemológica? Para responder esta questão, é preciso que interpretemos o raciocínio que acabamos de expor.

Para começar, é explícito o estabelecimento de 2 ordens no sistema cartesiano. Mas a divisão entre 2 ordens não é de surpreender, porque no movimento metafísico ela também aparece, da mesma forma como classicamente se costuma fazer tal divisão com justa razão. A questão é como ela aparece nesta carta em análise. Porque, como vimos acima, tomando a *Res Cogitans* no segundo sentido de princípio, na medida em que dela temos o modelo, ela é o ser que necessariamente conhece toda e qualquer verdade, incluindo a de Deus, mas em sua demonstração não requer nenhuma outra verdade que não seja ele próprio. Assim, uma primeira aproximação desse entendimento acerca da *Res Cogitans*, como modelo do segundo sentido de princípio, pode ser alcançada a partir deste trecho:

procurar um Ser, a existência do qual nos seja mais conhecida que aquelas de alguns outros — diz Descartes a Clerselier –, de sorte que ela nos possa servir de princípio para o conhecer.[181]

Aqui já temos um primeiro indício da posição da *Res Cogitans*. Trata-se de dizer que ele é, na verdade, um ser que possui prioridade em relação ao ato do conhecer. Pois, o que é requerido para que esse ser tenha essa prioridade? Que ele seja mais conhecido que todos os outros seres. Nessa primeira aproximação, portanto, a *Res Cogitans* é amparado pela regra geral, na medida em que ela se torna por excelência uma verdade que faz originar, por assim dizer, exatamente a regra geral. Ao dizer que esse ser é princípio que faz conhecer os outros seres porque é o mais conhecido dentre eles, o que Descartes faz é exatamente envolvê-lo com a armadura da regra geral que, na verdade, é fruto de si próprio, porque somente um conhecimento claro e distinto nas condições da *Res Cogitans* poderia assumir essa posição. Não apenas isso. Esta clareza e distinção da *Res Cogitans* ganha prioridade na medida em que ela foi deduzida em condição favorável não apenas à clareza e distinção, mas ainda à prioridade na ordem do conhecer em geral, porque ela é o primeiro, mas também o único a escapar da força da dúvida universal. Se não fosse assim, o *cogito* não forneceria o modelo para esse princípio.

Tal é o que suscita para nós essa primeira aproximação do significado que a *Res Cogitans* ganha na condição de modelo do princípio do conhecer em geral por meio dessa carta. Vejamos, a seguir, uma segunda aproximação desse significado.

Lendo um pouco mais adiante, temos o seguinte trecho: "é bastante que ele possa servir para encontrar várias verdades — diz Descartes — e que não exista outra verdade da qual ele dependa"[182]. Com efeito, o significado da *Res Cogitans*

---

181. Descartes, op. cit., Tome III, p. 658.
182. Descartes, op. cit., Tome III, p. 659.

sofre uma radicalização, a saber, eu, enquanto ser pensante, não apenas ganho prioridade na ordem do conhecer em geral, mas essa prioridade tem 2 sentidos: a) eu conheço incontestavelmente toda e qualquer verdade, independentemente de sua natureza, e nesse sentido, pode ser a verdade sobre Deus ou sobre a pedra, só para citar 2 exemplos; b) eu não dependo de nenhuma verdade para ser conhecido, seja qual for a natureza da verdade, isto é, eu nem dependo da pedra e nem de Deus, por exemplo, para ser conhecido. Nesse caso, eu apenas dependo de mim mesmo. Em outros termos, não apenas tenho prioridade na ordem do conhecer em geral, mas trata-se de dizer que eu sou um princípio absolutamente independente de qualquer verdade.

Parece-nos que este é o estatuto que a *Res Cogitans* ganha com a carta a Clerselier, ou seja, eu, enquanto modelo para o segundo sentido de princípio do conhecer em geral, ganho total independência em relação à substância divina que, por sua vez, inscreve-se na ordem do ser. Se é assim, a *Res Cogitans* não se deixa subordinar pela ordem ontológica, como vimos afirmando, pois, de acordo com esse segundo sentido, ela tanto se constitui, como afirma Enéias[183], quanto se institui, como diz Guéroult[184]. Mas isso se sustenta em relação ao primeiro sentido de princípio, cujo modelo é o próprio Deus? Para examinarmos isso, devemos ver agora qual é o significado de Deus nessa ordem do ser, de acordo com a carta em questão.

Para começar, podemos analisar este trecho:

> procurar uma noção comum, que seja tão clara e tão geral que ela possa servir de princípio para provar a

---

183. Forlin, op. cit., Na carta em análise ele se constitui, na medida em que ele se faz princípio por ele mesmo e isso coincide com a regra de clareza e distinção que, na verdade, é o próprio princípio.
184. Guéroult, op. cit., p. 52-53. O *cogito* se «institui» porque ele próprio se permite existir em um determinado momento.

existência de todos os Seres, as (*entias*) que se conhecerá em seguida.[185]

Como já dissemos acima, Deus pode ser tomado no primeiro sentido de princípio, porque Ele é o próprio modelo do princípio que prova a existência de todos os seres. Neste caso, é certo que Ele comanda a ordem do ser, na medida em que qualquer coisa só poderá ser se for por Ele confirmada. Eis, portanto, uma primeira aproximação do significado que Deus ganha a partir do primeiro sentido de princípio que Descartes estabelece na carta em análise. Depois, para avançar um pouco mais na análise desse significado, devemos ler este trecho:

> no primeiro sentido, pode-se dizer que *impossibile est idem simul esse et non esse* é um princípio, e que pode geralmente servir, não propriamente para fazer conhecer a existência de alguma coisa, mas somente para fazer com que, quando a conhecemos, podemos confirmar a verdade por tal raciocínio.[186]

Se, como está confirmado acima, Deus mesmo pode ser tomado nesse primeiro sentido de princípio, então Este é indispensável no conhecimento de alguma coisa. Isto porque *impossibile est idem simul esse et non esse*[187] é um princípio que se inscreve no primeiro sentido e é neste que reside a impossibilidade da contradição. Dessa forma, existe aqui uma certeza que traz a verdade, justamente na impossibilidade de não ser, se é certo que a coisa é, mas a coisa só é pela confirmação do princípio que emana de Deus, modelo do primeiro sentido de princípio. Então, para ser, uma coisa depende dessa confirmação ontológica, o que lhe dá verdade de seu ser e, uma vez sendo, será impossível que ela passe a não ser, o que lhe dá a

---

185. Descartes, op. cit., p. 658.
186. Descartes, op. cit., p. 658.
187. "É impossível que, a mesma ciosa, ao mesmo tempo, seja e não seja".

certeza, uma vez que já foi confirmada pela verdade ontológica. Vê-se, portanto, que entre verdade e certeza, esse primeiro sentido de princípio se torna indissociável do segundo sentido de princípio, justamente porque, ao mesmo tempo, ele congrega verdade e certeza. Ora, nada mais necessário ao ato do conhecer. Mas, se é necessário, então esse primeiro sentido de princípio é também lógico. Se é lógico, o ato do conhecer subordina-se à ordem ontológica, isto é, o segundo sentido de princípio subordina-se ao primeiro sentido se, e somente se, para conhecer ele precisa lançar mão da verdade e da certeza que emanam, como vimos, do primeiro sentido, isto é, de Deus. Afinal, como não pode ser assim, se a *Res Cogitans*, sendo modelo do primeiro sentido de princípio, é, na verdade, um ser, e Deus, modelo do primeiro sentido de princípio, fornece tanto a verdade, quanto a certeza de qualquer ser, inclusive da *Res Cogitans*? Por que a *Res Cogitans*, sendo tomado no segundo sentido de princípio, não dependeria do primeiro sentido, sendo este Deus, que justamente traz a verdade e a certeza? Não parece razoável dizer que ele não dependeria, se é certo que todo e qualquer ser precisa da verdade e certeza que o primeiro sentido de princípio pode fornecer. Tal é o que advoga a carta em questão, mas de maneira ambígua, como podemos notar.

Nestes termos, podemos retomar a investigação que fizemos em todo o nosso percurso, para dizer que, de acordo com o primeiro sentido, Deus tem precedência tanto na ordem ontológica, quanto na epistemológica, precedência que verificamos no curso de toda a nossa análise. Assim, o que acabamos de expor acerca da carta a Clerselier é apenas uma maneira de esclarecer ainda mais o que estamos defendo: Deus é princípio primeiro tanto na ordem ontológica, quanto na ordem epistemológica, ainda que a *Res Cogitans* seja, e não pode deixar de ser, princípio de conhecimento.

Referências

ALQUIÉ, F. **La découverte métaphysique de l'homme chez Descartes.** Paris: PUF, 1950.

Analytica. Descartes: os princípios da filosofia moderna – ocartesianismo posto em questão. v. 3, n. 1, 1998.

_____. Descartes: os princípios da filosofia moderna – questõesda física e da metafísica cartesiana. v. 2, n. 2, 1997.

BEYSSADE, M. **Descartes.** Lisboa: Edições 70, 1979.

BEYSSADE, Jean-Marie. **La philosophie première de Descartes – letemps et la cohérence de la métaphysique.** Paris: Flammarion, 1979.

_____. A teoria cartesiana dasubstância. **Analytica.** Rio de Janeiro, v. 2, n. 2, 1997.

CLARKE, D. **La filosofia de la ciencia de Descartes.** Madrid: Alianza Universidade, 1986.

COTTINGHAM, J. **A filosofia de Descartes.** Lisboa: Edições 70, 1989.

_____. **Dicionário de Descartes.**

CURLEY, E. M. **Descartes Against the Skeptics.** Massachusetts: Harvard University Press, Cambridge, 1978.

DESCARTES, René. **OEuvres philosophiques.** Tome I, textes établis, présentés et annotés par Ferdinand Alquié, éditions Garnier Frères, Paris, 1963.

_____. **OEuvres philosophiques.** Tome II, textes établis, présentés et annotés par Ferdinand Alquié, éditions Garnier Frères, Paris, 1967.

_____. **O Euvres philosophiques**. Tome III, textes établis, présentés et annotés par Ferdinand Alquié, éditions Garnier-Frères. Paris, 1973.

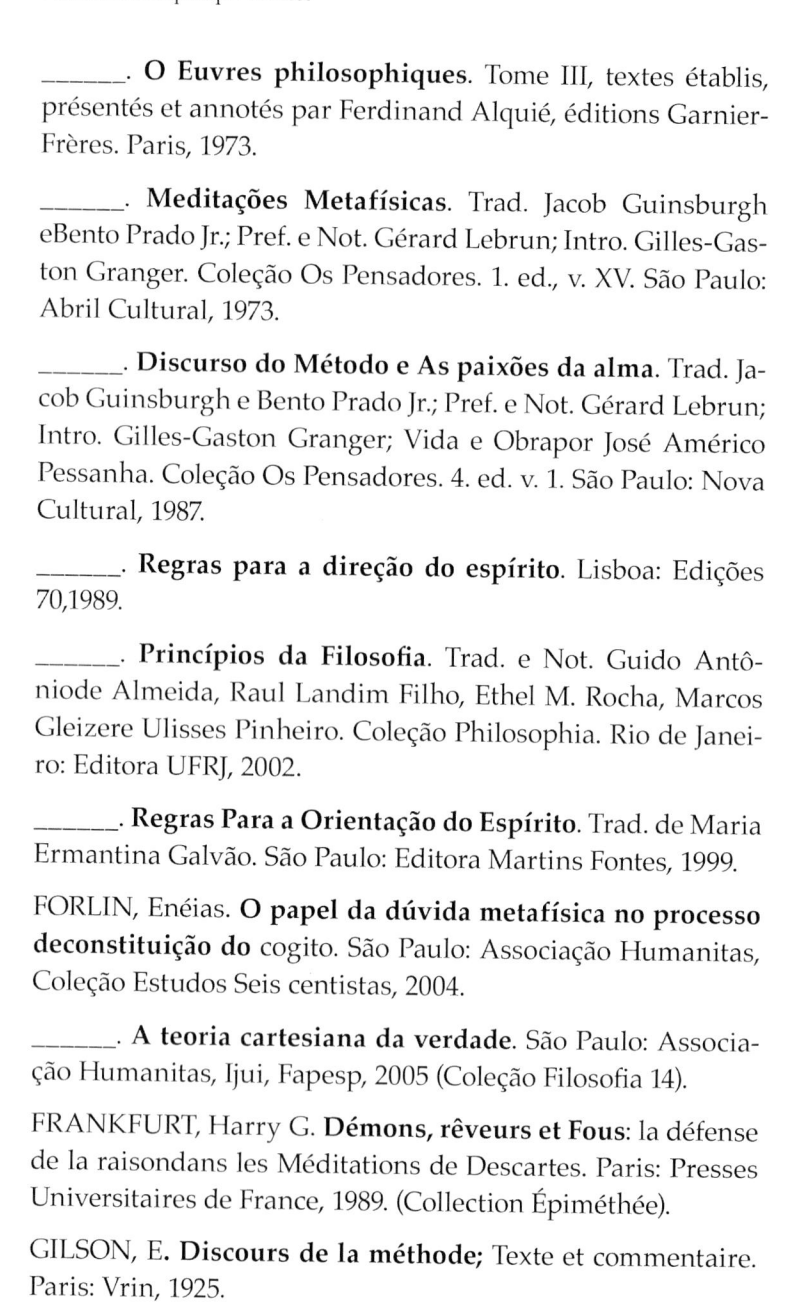

_____. **Meditações Metafísicas**. Trad. Jacob Guinsburgh eBento Prado Jr.; Pref. e Not. Gérard Lebrun; Intro. Gilles-Gaston Granger. Coleção Os Pensadores. 1. ed., v. XV. São Paulo: Abril Cultural, 1973.

_____. **Discurso do Método e As paixões da alma**. Trad. Jacob Guinsburgh e Bento Prado Jr.; Pref. e Not. Gérard Lebrun; Intro. Gilles-Gaston Granger; Vida e Obrapor José Américo Pessanha. Coleção Os Pensadores. 4. ed. v. 1. São Paulo: Nova Cultural, 1987.

_____. **Regras para a direção do espírito**. Lisboa: Edições 70,1989.

_____. **Princípios da Filosofia**. Trad. e Not. Guido Antônio de Almeida, Raul Landim Filho, Ethel M. Rocha, Marcos Gleizere Ulisses Pinheiro. Coleção Philosophia. Rio de Janeiro: Editora UFRJ, 2002.

_____. **Regras Para a Orientação do Espírito**. Trad. de Maria Ermantina Galvão. São Paulo: Editora Martins Fontes, 1999.

FORLIN, Enéias. **O papel da dúvida metafísica no processo deconstituição do** cogito. São Paulo: Associação Humanitas, Coleção Estudos Seis centistas, 2004.

_____. **A teoria cartesiana da verdade**. São Paulo: Associação Humanitas, Ijui, Fapesp, 2005 (Coleção Filosofia 14).

FRANKFURT, Harry G. **Démons, rêveurs et Fous**: la défense de la raisondans les Méditations de Descartes. Paris: Presses Universitaires de France, 1989. (Collection Épiméthée).

GILSON, E. **Discours de la méthode;** Texte et commentaire. Paris: Vrin, 1925.

_____. É tudes sur le role de la pensée médiévale dans laformation du système cartésien. Paris: Vrin, 1930.

GOUHIER, Henri. **La pensée Métaphysique de Descartes.** Paris: Vrin, 1962.

GUÉROULT, M. **Descartes selon l'ordre des raisons.** 2 vol. Paris: Aubier, 1953.

HAMELIN, O. **El systema de Descartes.** Buenos Aires: Losada, 1949.

KUJAWSKI, G. **Descartes existencial.** São Paulo: Brasiliense/Edusp, 1969.

LABERTHONNIÈRE. **Études sur Descartes.** V. I. Paris: Libraire Philosophique J. Vrin, 1935.

LANDIM Filho, Raul. **Evidência e verdade no sistema cartesiano.** SãoPaulo: Edições Loyola, 1992.

LAPORTE, J. **Le rationalisme de Descartes.** Paris: PUF, 1950.

MARION, Jean-Luc. **Sur L'Ontologie Grise de Descartes.** Paris: Vrin, 1975.

MILHAUD, G. **Descartes savant.** Paris: Alcan, 1921.

RENOUVIER, C. **Descartes.** Buenos Aires: Espasa Calpe, 1950.

ROCHA, Ethel Menezes. O conceito de realidade objetiva na TerceiraMeditação. **Analytica**, Revista do Dep. de Filosofia da Universidade Federal do Rio de Janeiro, v. 2, 1997.

RODIS-LEWIS, Geneviève. **Descartes – uma biografia.** Trad. Joana Angélica D'Avila Melo. Rio de Janeiro: Editora Record, 1996.

SILVA, Franklin Leopoldo e. **Descartes**:a metafísica da modernidade. 5. ed. São Paulo: Editora Moderna, 1998. (Coleção Logos).

TEIXEIRA, L. **Ensaio sobre a Moral de Descartes**. São Paulo: Brasiliense, 1990.

WILSON, Margaret Dauler. **Descartes.** Londres, Boston, Melbourne: Routledge & Kegan Paulo, 1982.

Título	A Substância Divina e a Subjetividade em Descartes
Autor	Adriano Albuquerque Gomes
Coordenação Editorial	Kátia Ayache
Assistência Editorial	Augusto Pacheco Romano
	Érica Cintra
Capa	Geovana Santos
Capa e Projeto Gráfico	Marcio Arantes Santana de Carvalho
Assistência Gráfica	Wendel de Almeida
Preparação e Revisão	Carolina Triunfio Rezende
Formato	14 x 21 cm
Número de Páginas	180
Tipografia	Palatino
Papel	Alta Alvura Alcalino 75g/m^2
1ª Edição	Novembro de 2015

Caro Leitor,

Esperamos que esta obra tenha correspondido às suas expectativas.

Compartilhe conosco suas dúvidas e sugestões escrevendo para:

atendimento@editorialpaco.com.br

Compre outros títulos em

www.livrosdapaco.com.br

Professor tem desconto especial

Publique Obra Acadêmica pela Paco Editorial

Teses e dissertações
Trabalhos relevantes que representam contribuições significativas para suas áreas temáticas.

Grupos de estudo
Resultados de estudos e discussões de grupos de pesquisas de todas as áreas temáticas. Livros resultantes de eventos acadêmicos e institucionais.

Capítulo de livro
Livros organizados pela editora dos quais o pesquisador participa com a publicação de capítulos.

Saiba mais em

www.editorialpaco.com.br/publique-pela-paco/

PACO EDITORIAL

Av. Carlos Salles Block, 658
Ed. Altos do Anhangabaú – 2º Andar, Sala 21
Anhangabaú - Jundiaí-SP - 13208-100
11 4521-6315 | 2449-0740
contato@editorialpaco.com.br